D1870450

Stb

Susanne Hühn

Ein Kurs in Selbstliebe

Finde deine wahren Herzimpulse

Stb

Originalausgabe
© 2010 Schirner Verlag, Darmstadt

Alle Rechte der Verbreitung, auch durch Funk, Fernsehen und sonstige Kommunikationsmittel, fotomechanische oder vertonte Wiedergabe sowie des auszugsweisen Nachdrucks vorbehalten

ISBN 978-3-8434-4700-3

3., überarbeitete Auflage September 2014

Umschlaggestaltung: Murat Karaçay, Schirner,
unter Verwendung von # 167703464 (Sundra),
www.shutterstock.com
Redaktion & Satz: Tamara Kuhn & Heike Wietelmann, Schirner
Printed by: ren medien, Filderstadt, Germany

www.schirner.com

Inhalt

Einführung

Liebe Leserinnen, liebe Leser,

dieses Buch ist ein Beziehungsbuch – es geht um die heiligste Beziehung deines Lebens, um die Beziehung zu dir selbst.

Fangen wir doch direkt bei deinen Beziehungswünschen an. Nimm dir bitte ein bisschen Zeit und etwas zu schreiben, und erstelle dir eine Liste von allem, was du dir in einer Beziehung oder einer guten Freundschaft wünschst.

Schreibe dir also bitte deinen Liebeswunschzettel.

Was muss jemand tun, damit du ihn liebst? Und, noch wichtiger: Was muss jemand tun, damit du dich selbst geliebt fühlst? Schreibe den Wunschzettel jetzt gleich, sonst tust du es vielleicht nie.

Was steht auf deiner Liste? Liebevoll mit mir umgehen; ehrlich zu mir sein; offen mit mir kommunizieren; mich nicht im Stich lassen; zu mir stehen; mir sagen, dass ich geliebt werde, mich wahrnehmen (mich also wirklich sehen); mich beschützen; mich bei dem unterstützen, was ich wirklich will; mich sein lassen, wie ich bin; bei mir bleiben, auch wenn es mal schwierig wird; mich ernst nehmen …

Auf meiner Liste steht zum Beispiel: absolute Klarheit und Offenheit, voll und ganz bereit sein, die Verantwortung für sich selbst zu übernehmen; bereit sein, immer wieder neu zu erkennen, welche Energien fließen wollen und welche Lernschritte wir gemeinsam gehen können, also Bewusstseinsarbeit – ohne die geht es in meinem Leben nicht mehr, schon gar nicht in Beziehungen. Nimm es mit auf deine Liste, wenn du ähnlich fühlst, es ist vielleicht wesentlich.

Schreibe auf, was du wirklich willst.

Dann beginne bitte eine zweite Liste: Womit verscherzt sich jemand deine Liebe? Was muss jemand tun, damit du dich von ihm abwendest? Wodurch kann man dich ernsthaft verletzen? Sei bitte ehrlich, und nimm dir Zeit – es ist wirklich wichtig, dass du dir darüber klar wirst.

Hier steht vielleicht: Dich belügen und betrügen; dich andauernd kritisieren; dich im Stich lassen; dir nichts zutrauen ... Bitte schreibe dir alles von der Seele – was magst du gar nicht, was verletzt dich tief?

Bei mir steht: die Verantwortung eben nicht übernehmen; sich mit Drogen jeder Art die Sinne vernebeln, um sich selbst und den anderen nicht zu spüren; sich entziehen, wenn es um Klarheit geht.

Nun schaue dir bitte deine Listen an ...
Falls du nun erkennst, dass du zu dir selbst durchaus nicht

immer liebevoll bist: Wunderst du dich noch, warum du dich selbst nicht liebst? Würdest du jemanden lieben, der dich so behandelt, wie du das selbst tust oder wie du es anderen erlaubst? Nein. Natürlich nicht.

Um eine gute Beziehung zu führen, brauchst du Offenheit, Selbstverantwortung, Ehrlichkeit, Treue, Klarheit, Mitgefühl, den Mut, zu vertrauen, die Fähigkeit, den anderen zu unterstützen, auf eine Weise auch Selbstlosigkeit (nämlich dann, wenn dir der Weg, den der andere geht, Angst macht, aber dennoch richtig und gut ist). Du brauchst die Bereitschaft, Zeit mit dem anderen zu verbringen, ihm zuzuhören und das, was er sagt, gelten zu lassen. Du brauchst die Möglichkeit, ihn in dem, was er selbst will, zu unterstützen und die Fähigkeit, hinter die emotionalen Kulissen zu schauen, das heißt, die tatsächlich wirkenden Energien zu erkennen und nicht auf jede Abwehr- oder Lieb-Kind-Reaktion hereinzufallen. Du brauchst vor allem absolute Klarheit und die Entschlossenheit, dich dem zu stellen, was IST, aus dem Traum zu erwachen und die bisherigen Vorstellungen zur Seite zu schieben. Dann kannst du erkennen, welche Energien wirken und was in Wahrheit geschieht, denn in einer guten Beziehung kann nur die Wahrheit deine Handlungsgrundlage sein.

Das alles weißt du schon, dir ist nur nicht klar, wie du es auf dich selbst anwenden sollst? Wunderbar. Dann freue ich mich sehr, dir dabei vielleicht behilflich sein zu können.

Was ist das, Selbstliebe? Liebt uns unser Selbst nicht von vornherein, sind wir im Kern nicht sowieso reine Liebe? Und wie können wir lernen, uns selbst zu lieben, wie wir sind – ist das überhaupt möglich?

Darf ich dir gleich zu Beginn die rosarote Brille abnehmen, weil sie auch hier nur die klare Sicht der Dinge vernebelt?

Sich selbst zu lieben meint nichts anderes, als das Leben zu lieben und sich selbst in seinen Dienst zu stellen, denn du selbst bist das Leben.

Wenn du dich selbst liebst, dann stellst du dich weder in den Dienst der Angst noch in den der Bequemlichkeit, nicht in den Dienst der romantischen Vorstellungen über das Leben und schon gar nicht in den der Vorstellungen anderer – sondern in den Dienst am Leben selbst, so, wie es eben ist.

Es ist ein zutiefst lebendiger, vitaler Vorgang, der weder mit Liebeserklärungen an sich selbst noch mit großartigen Lebensentwürfen daherkommt – es ist ein Dienst am Leben, jeden Tag, ein Weg, kein Ziel. Verneige dich voller Hochachtung vor dir selbst, vor deinem eigenen Weg, und tue für dich, was in deiner Macht steht. Wenn du dich tatsächlich liebst, dann sorge dafür, dass du in jeder Hinsicht in den bestmöglichen geistigen, emotionalen, spirituellen und körperlichen Zustand gerätst, der dir überhaupt nur möglich ist! Wohlgemerkt – und hier beginnt die Selbstliebe – der DIR möglich ist, nicht der, den du nach Meinung der Medien, deiner Mutter oder deiner eigenen allzu kritischen Sicht nach haben solltest.

Sei willkommen in deiner spirituellen, emotionalen, mentalen und physischen Selbstverantwortung. Es mag sein, dass du glaubst, ich schreibe immer wieder das Gleiche – nun, das stimmt. Ich kenne nur eine Wahrheit: Folge deinen ursprünglichen, vitalen und im Herzen gefühlten Impulsen und nur ihnen. Fertig, aus.

Aber wie wir das tun können, wie uns die Geistige Welt dabei unterstützt und wie wir dem Leben jeden Tag einen Schritt entgegengehen können – nein, wie wir jeden Tag voller Freude und Mut mit dem Leben tanzen können –, das möchte ich dir hier gerne auf die Weise vermitteln, die mir zur Verfügung steht. Ich hoffe sehr, dir damit zu dienen.

Es gibt eine Menge romantischer Vorstellungen darüber, was alles geschieht oder auch nicht mehr geschieht, wenn wir uns selbst lieben. Wir werden nicht mehr verlassen, es geht uns gut, wir sorgen besser für uns, wir sind zufriedener, haben mehr Geld und finden unsere Bestimmung. Ja und nein. Sich selbst zu lieben bedeutet im Kern, vollkommen unromantisch (ohne Weichzeichner, Vorstellungen und Träume), dafür in jeder Hinsicht sehr gesundheitsbewusst und innerlich klar und deutlich mit sich selbst und dem Rest der Welt umzugehen. Es bedeutet,

alle Konzepte aufzugeben und zu tun, was zu tun ist, um dem Leben zu dienen. Es bedeutet, auch schmerzhafte Entscheidungen zu treffen und aus der rosa Wolke des spirituellen Hollywoodfilmes aufzuwachen. Es bedeutet, sich der eigenen Angst zu stellen und das Leben zu nehmen, wie es eben ist, die Kontrollversuche und all die Ideen darüber, »wie es sein sollte« aufzugeben. Das Leben ist bereits, wie es sein sollte. Es kann gar nicht anders sein. Wenn wir innerhalb der großen kosmischen Ordnung (»Kosmos« heißt auf Deutsch »Ordnung«) andere Ergebnisse erzielen wollen, dann müssen wir in jeder Hinsicht entsprechende Ansätze liefern. Bist du gegen Kinderausbeutung? Dann kaufe dir zum Beispiel nicht allzu billige Kleidung! Klingt das zu einfach? Nun, es ist so einfach, ob uns das gefällt oder nicht, es ist das Gesetz von Ursache und Wirkung im weitesten und im engsten Sinne. Energetisch gesehen: Du befindest dich im Zustand des Mangels, wenn du alles so billig wie möglich haben oder so schnell wie möglich Geld verdienen willst, und du beutest damit die Systeme aus – irgendwer muss das, was du sparen willst, aufbringen, denn die Dinge haben nun mal ihren Preis, sprich ihren energetischen Wert. Und ganz konkret: Du gibst der Marktwirtschaft einen Impuls und zeigst, wie du deine Kaufkraft, egal wie groß oder klein sie auch sein mag, einsetzt.
Du regierst den Markt, ganz einfach. DU bist die Einschaltquote. Wenn du etwas nicht sehen willst, dann schalte um! Das klingt schon wieder so einfach? Aber es ist so einfach. Sinken die Einschaltquoten, ändern die Chefs das Programm, es ist wirklich so simpel, und das weißt du auch.

Gehe nicht hin, mache nicht mit, setze du die Impulse, die du setzen willst, und wettere nicht nur gegen das, was du nicht mehr willst.

Das Universum reagiert nur auf dein Ja, nicht auf dein Nein.

Dein Ja hat Energie, denn deine Gedankenkräfte verändern die Materie, das ist wissenschaftlich erwiesen und messbar. Denke einmal »Nein« – wohin strömt deine Gedankenkraft? Genau dahin, wo du sie nicht haben willst, denn auch der Gedanke »Nein« ist Aufmerksamkeit! Das Nein nutzt gar nichts, wenn du dann nicht auch wirklich deine Energie abziehst und dich dahin wendest, wo sich das befindet, was du willst.

Das weißt du, das wissen wir alle. Aber wir vergessen es, wir entwerfen wundervolle Konzepte über Selbstliebe, anstatt sie in der Basis anzuwenden. Das klingt schon wieder zu einfach, ich weiß das, aber es stimmt. Die Welt ist einfach. Setze die richtigen Impulse, dann bekommst du, was du willst, in jeder Hinsicht und in jeder gewünschten Komplexität. Natürlich bedeutet das, keine faulen Kompromisse zu machen. »Ich würde ja, aber …« Das interessiert das Leben nicht. Nur das, was du am Ende tust, zählt. Du kannst nicht auf die große Liebe hoffen, während du eine Affäre nach der anderen hast, weil sich die große Liebe in einem anderen Energiefeld aufhält als die meist schmerzhaften und irgendwie enttäuschenden Affären. Ich war dort, ich kenne das Feld. Erst dein ausdrückliches Nein zu all diesen anstrengenden und am Ende doch verletzenden Pseudobeziehungen öffnet den Raum für das Wahre, Echte – auch wenn es dann vielleicht anders daherkommt, als du erwartet hast.

Du willst Freiheit, Spaß, tanzen und lachen? Und warum tust du es nicht? Ich kann es sehr gut verstehen, wenn dich diese Frage nervt, aber ich meine sie ernst: Was hindert dich daran, und warum befindet es sich noch in deinem Leben? Ich rede nicht von echten Hinderungsgründen wie kranken Kindern, Tieren oder anderen geliebten Wesen, um die du dich kümmern willst und musst. Hier geht es darum, sich Freiräume zu schaffen, wenn es möglich ist. Manchmal ist das Leben schwierig, wir müssen durchhalten und die Geistige Welt um Hilfe und Kraft bitten. Oft genug aber machen wir es uns schwer, erlauben uns selbst nicht, glücklich und zufrieden zu sein. Ich kann das auch nicht gut. Wir wissen, dass alles, was im Moment gut ist, morgen wieder vorbei sein kann. Wie sollen wir uns also entspannen und das Heute genießen, wenn wir nicht wissen, was morgen ist? Die einzige Sicherheit, die wir von Leben geschenkt bekommen und selbst weiterentwickeln dürfen, ist das Vertrauen in unsere eigene Kraft, das Vertrauen in unsere Fähigkeit, weiterzumachen. Was also kann ich dir anbieten, aus welchem Grund solltest du fröhlich und zufrieden sein?

Es braucht keinen Grund. Du solltest es einfach so sein. Weil du am Leben bist, weil das Leben keinen Grund braucht, weil das Leben selbst, egal was morgen ist, pure Freude bedeutet. Bist du nicht zumindest ab und zu voller Freude, dann fließt nicht genug Leben durch dich hindurch.

Du brauchst keinen Grund, voller überschäumender Kraft und Freude zu sein, denn das Leben IST Freude.

Und das Leben ist konsequent. Alles, was du tust, hat Konsequenzen, egal was du in Wahrheit tun wolltest. Das Leben auf der Erde interessiert sich nicht besonders für deine guten Absichten, sondern für deine Taten.

Wenn du mein Buch *Die Sprache des Lichts** kennst, dann denkst du jetzt sicher, dass ich mir hier aber gewaltig widerspreche. Nein. »Das Leben interessiert sich nicht für deine Absichten« meint Folgendes: Auch wenn du es noch so gut meinst und auf keinen Fall jemandem Schaden zufügen willst – wenn deine Handlungen schädlich für andere sind, und sei es für den Kaffeepflücker am anderen Ende der Welt, dann wirkt sich dieser Schaden aus. Segne den Pflücker bitte, wenn du deinen Kaffee trinkst, dadurch kannst du den Schaden eventuell etwas lindern und die Dinge zum Guten wenden. Noch besser ist es, gleich fair gehandelten Kaffee zu kaufen, damit dein Segen nicht zynisch wird. Andersherum wirkt es genauso: Wenn du unbeabsichtigt Gutes tust, obwohl du deinen eigenen Nutzen

* Hühn, Susanne: *Die Sprache des Lichts: Der Zugang zu kosmischen Informationen*. Darmstadt 2014.

und nur ihn im Sinne hattest, dann hat deine Tat dennoch positive Auswirkungen.

Die Energie, mit der wir etwas tun, also unsere Absicht, entfaltet ihre Wirkung in höheren Dimensionen und zugleich in unserem Bewusstsein, und sie bestimmt unser Karma. Sie zieht unsere Lebensumstände an. Die Handlung selbst wirkt sich jedoch direkt auf unsere Umgebung aus, und wir müssen hier, auf der Erde, mit den Konsequenzen umgehen, wie auch immer unsere Absicht war und was immer unsere innere Führung uns sagte.

Weil du selbst mit dem umgehen musst, was du verursachst, brauchst du von nun an auch nie wieder auf jemanden zu hören und es ihm recht machen – denn am Ende stehst du mit dem, was du entschieden hast, alleine da. Oder kam schon einmal jemand auf dich zu und sagte: »Ich weiß, du wolltest, dass es mir gut geht, deshalb hast du gegen dein Gefühl gehandelt, ich helfe dir, es wieder in Ordnung zu bringen«? Also mir nicht … Mache, was du willst, was du wirklich willst, denn du und nur du musst am Ende auch damit leben. Klingt das egoistisch? Das ist es nicht. Egoistisch ist es, jemandem etwas, was du durchaus zur Verfügung hast, was du ihm also leicht geben könnten, NICHT zu geben. Für sich selbst zu sorgen bedeutet dagegen, das zu geben, was du zu geben hast – anderen, aber erst recht dir selbst. Denn wenn du dir selbst Liebe geben kannst und es nicht tust – wem gegenüber bist du dann egoistisch? Eben, dir selbst gegenüber. Du kennst das sicher.

Wir besitzen, wenn wir als menschliche Wesen auf dieser Erde leben, zwei verschiedene Bewusstseinsformen, mit denen wir umgehen müssen. Zum einen ist da unser spirituelles Bewusstsein, das um die Einheit allen Seins weiß und voller Vertrauen in den Armen der Engel liegt. (Huh, was ist das für ein kitschiger Satz, übersetze ihn dir bitte in dein Weltbild, du weißt schon, was ich meine. Und vielleicht stimmt es ja auch …) Und zum anderen haben wir unser Körperbewusstsein, das Bewusstsein für die materielle, in Form gebrachten Energie. Dies fühlt sich ganz anders an, hier finden wir unbändigen Überlebenswillen, unseren Selbsterhaltungstrieb, aber auch tiefste Existenzangst. Unser Körperbewusstsein ist es, das mit allen Widrigkeiten und Unannehmlichkeiten des irdischen Lebens umgehen muss, das leidet – uns aber auch Genuss empfinden lassen kann. Unsere Aufgabe als spirituelle und menschliche Wesen ist es nun, diese beiden Bewusstseinsebenen miteinander zu vereinen, ein größeres Ganzes werden zu lassen. Das geht nur, wenn auch das menschliche Bewusstsein gehört und geachtet wird, denn seine Entfaltung war ja der Sinn der Übung »Leben auf der Erde«. Viele glauben, unser spirituelles Bewusstsein sollte unser menschliches Bewusstsein dominieren und erleuchten, aber das stimmt nicht– zumindest erlebe ich es nicht so. Das menschliche Bewusstsein erfährt das Leben völlig anders als unsere Seele. Das, was unser spirituelles Bewusstsein weiß, nämlich, dass alles eins ist und dass wir immer sicher und geborgen im Lichtfeld der kosmischen Ordnung sind, dient dem menschlichen Selbst wenig – weil es für das menschliche Selbst nicht stimmt. Die irdische Erfahrung basiert nun mal auf Dualität und Trennung.

Das menschliche Bewusstsein weiß alles über den Tod, über Schmerzen, über Verlust – und vor allem darüber, was sich Menschen gegenseitig antun können. Es ist erwiesen, dass die posttraumatische Belastungsreaktion eines Menschen sehr viel schlimmer ist, wenn das Trauma durch einen anderen Menschen verursacht wurde als beispielsweise durch eine Naturkatastrophe. Die Natur meint nichts persönlich. Ein Mensch schon. Unser menschliches Selbst hat einfach alles gesehen und mehr Erfahrungen mit Schmerz und Leid gemacht, als wir es uns als spirituelle Wesen jemals vorstellen konnten. Es weiß – neben all den anderen unermesslich schmerzhaften Verlusten – alles über den (hoffentlich!) tiefsten Schmerz, den das Universum zu bieten hat: die gefühlte völlige Abspaltung vom Licht und der Liebe der höheren göttlichen Ordnung, die existenzielle Einsamkeit. Ich hoffe wirklich, dass dies der tiefste Schmerz ist, der in diesem Universum überhaupt spürbar ist. Es ist eine Zumutung für das menschliche Bewusstsein, das ignorieren zu wollen und ein bisschen spirituelles Licht darüberzukleistern. Alles ist eins, na danke – und weiter? Was soll diese Erkenntnis bringen, wenn du vor Schmerz oder Angst fast oder tatsächlich durchdrehst?

Wir müssen anerkennen, dass unser Körperbewusstsein anders funktioniert und viel mehr gesehen und erlebt hat, als es verkraften kann.

Es braucht Anerkennung, Mitgefühl, Frieden und Erlösung, keine spirituellen Argumente, die erklären sollen warum das alles, also das Leben hier auf Erden mit all seinem Leid, nicht so schlimm ist. Für das menschliche Bewusstsein ist es so schlimm.
Ich bringe hier mal ein Beispiel – und hoffe, ich mute dir damit nicht zu viel zu:

Du bist schwanger, spürst aber ein lautes und deutliches Nein zu deinem Kind, mehr noch, du fühlst es nicht als »dein Kind«, fühlst dich nicht mit der Seele verabredet, sondern hast eher das Gefühl einer feindlichen Übernahme. Zu krass? So fühlen Frauen, die gegen ihren Willen schwanger werden, und wir sparen uns jetzt die müßige Diskussion über Verhütung. Dinge geschehen. Du spürst auf Seelenebene, dass es in Ordnung ist, dass die Seele des Kindes gar nicht zur Erde kommen will, dass sie dir nur etwas zeigen will, zum Beispiel, dass deine Beziehung längst vorbei ist oder dass du in Wahrheit zurzeit andere Prioritäten hast. Du gehst zu einem Medium, und noch einmal bekommst du die Information, dass es O. K. ist, dass die Seele des Kindes Bescheid weiß, dass ein Abbruch vollkommen in Ordnung ist. Du brichst deine Schwangerschaft also ab.

Und jetzt trägst du die Folgen. Egal wie eindeutig die Entscheidung auf seelischer und auch emotionaler Ebene war – für deinen Bauch, deine Weiblichkeit, für das Prinzip Leben und Arterhaltung auf der Erde ist es eine Katastrophe.

Du wirst schwer daran tragen, egal wie klar und eindeutig die Botschaften waren. Spricht das gegen deine Entscheidung? Nein. Sie hat nur intensivere Konsequenzen, als dir vielleicht bewusst war.
Die Gesetze des irdischen Lebens haben eine andere Grundlage als die des Himmels. Das irdische Leben sorgt für sich selbst. Wenn dir dieses Beispiel zu abstrus erscheint, dann drehe den Fall doch herum:

Du bist schwanger und glücklich darüber, aber die Seele des Kindes entscheidet sich zu gehen. Du weißt es, du spürst, warum. Es ist auf seelischer Ebene vollkommen in Ordnung und klar. Du kannst mit der Seele des Wesens, das sich gegen ein Leben auf der Erde und gegen dich als physischen Elternteil entschieden hat, kommunizieren und tief im Herzen verstehen, dass es vollkommen in Ordnung ist, dass dieses Wesen keinen Körper bekommen wird. Vielleicht ist es einfach zu lichtvoll und die irdische Energie (noch) zu langsam, zu schwer. Du hast also eine Fehlgeburt. Und du stirbst fast vor Schmerz um dein Kind, obwohl du genau gespürt hast, dass es gar nicht kommen will. Verstehst du? Das seelische Wissen um die Entscheidungen in höheren Dimensionen nimmt der physischen Existenz nicht den Schmerz. Du kommst schneller in Frieden mit den Dingen, wenn du verstehst, wozu sie dienen und wozu sie sind, wie sie sind. Aber sie schmerzen dennoch, denn das körperliche Leben selbst hat eigene Gesetze.

Das Körperbewusstsein scheint manchmal anders zu schwingen als das seelische Bewusstsein, auch das auszuhalten gehört zu unserer Aufgabe »Bringt den Himmel auf die Erde«. Wir tun noch ein bisschen mehr: Wir lernen das Körperbewusstsein kennen, identifizieren uns mehr und mehr mit ihm und bringen es mehr und mehr mit unserem spirituellen Bewusstsein in Einklang.

Lass uns bitte einen kleinen gedanklichen Bewusstseinsausflug machen, nur so, damit wir weiterkommen. Denn irgendwie stecken wir auch mit dem Thema Selbstliebe fest.

»Dein Selbst liebt dich sowieso«, hört man oft, und ich habe es bestimmt auch schon irgendwo geschrieben. Aber stimmt das wirklich? Fühlst du die Liebe deines Hohen Selbst zu dir? Oder bist du der Meinung, du hättest dich nur noch nicht genug angestrengt, denn wenn du nur »weit« genug wärst, würdest du diese Liebe auch fühlen? Hm ... ob das wirklich stimmt? Mein Hohes Selbst empfinde ich eher als streng und sehr klar, sehr kraftvoll und ernst (damit ich meine spirituellen Aufgaben auf der Erde auch löse) – aber nicht als besonders liebevoll, zumindest nicht mir, dem Menschen gegenüber, der ich bin. Wenn ich mein Hohes Selbst aufstelle (also die Technik des systemischen Aufstellens nutze), dann fühlt es sich geerdet an, aber vor allem ernst und beinah Furcht einflößend gradlinig.

Probiere es aus, stelle dich in das Energiefeld deines Hohen Selbst und schaue, wie sich das anfühlt. Vielleicht machst du ganz andere Erfahrungen. Unsere Arbeit in vielen Seminaren hat aber gezeigt, dass zumindest einige Menschen empfinden wie ich: Das Hohe Selbst ist sehr daran interessiert, die seelischen Aufgaben zu lösen, aber nicht besonders mitfühlend mit dem Menschen, der wir sind. Selbst wenn es sich als Engel oder als liebevolle Fee zeigt, hat es doch oft emotional nicht ganz verstanden, FÜHLT nicht, was wir hier auf der Erde erleben und durchmachen.

Darf ich dir eine Frage stellen? Fühlst du dich manchmal, ganz insgeheim, ein bisschen wie ein Opfer? Hast du zuweilen den Eindruck – auch wenn du es dir selbst nicht eingestehen willst (denn wir wissen ja, wir sind Schöpfer unserer Wirklichkeit) –, dass dein Selbst sich nicht besonders um deine Gefühle schert? Du bist hier, wie wir alle, damit dein Hohes Selbst, also das geistige Wesen, das du bist, und deine Seele Erfahrungen machen, Erfahrungen mit der Materie, mit Gefühlen, mit in Form gebrachter und gelebter Energie. Wir betreiben auf hoher Ebene Bewusstseinsforschung. Aber wozu?

Wozu dienen all diese Erfahrungen auf menschlicher Ebene, wenn nicht auch das geistige Wesen, das du bist, etwas lernen will, eine Entwicklung erleben möchte? Sammeln wir wirklich nur Erfahrungen oder entfaltet sich nicht auch unser spirituelles Selbst, unser Geist? Sind wir Menschen nur auf der Erde, um unserer eigenen Seele als Forschungsobjekt zu dienen, um zu erfahren, wie es ist, Liebe in die Tat umzusetzen? Aber das reicht irgendwie nicht mehr, richtig?

Denn – und mir ist sehr bewusst, was ich sage und wie es klingt – das Gleiche tun Forscher, wenn sie weiße Mäuse durch Labyrinthe laufen lassen, um zu erfahren, wie sie sich verhalten und wie rasch sie lernen. Lass uns doch mal ganz unvoreingenommen schauen, wie es wäre, wenn eben nicht nur der Mensch, sondern auch das Hohe Selbst etwas lernen dürfte. Wenn nicht nur der Forscher etwas über die weiße Maus, sondern auch über sich selbst verstehen und erkennen sollte. All die Erfahrungen, die wir als Menschen machen – wozu dienen sie? Welchen Sinn hätten sie, wenn sie nicht auch zu einer Wandlung auf geistiger Ebene führen würden? Wir wollen lernen, was das Menschsein bedeutet, wie es sich anfühlt, Energie zu bewegen. Aber wozu, wenn nicht mit dem Ziel, dass auch das geistige Wesen, das wir sind, eine Entwicklung erlebt? Sonst ist die Akasha-Chronik nichts als eine Sammlung von Erfahrungen – ohne echten Bezug zur Geistigen Welt. Was könnte das geistige Wesen, das du bist, lernen wollen? Was weiß es nicht?

Wie wäre es mit Mitgefühl? Wie wäre es, wenn der Forscher in dir, der das menschliche Selbst durch all diese Erfahrungen schickt, in Wahrheit selbst etwas lernen wollte, nämlich mitfühlend zu sein? Auf geistiger Ebene kennst du weder Schmerz noch Trauer noch Leid, keinen Mangel, keinen Tod. Und deshalb vielleicht auch kein oder wenig Mitgefühl mit dem Menschen, denn du fühlst nicht, nicht auf menschliche Weise.

Wenn dich diese Sichtweise berührt, dann darf ich dir eine innere Reise anbieten, die für dich vielleicht tatsächlich eine ganz neue Sicht der Dinge bedeuten kann. Wenn dir diese Sichtweise nicht stimmig erscheint, dann überblättere die nächsten Seiten bitte einfach. Nicht alles passt für jeden – mir ist es aber wirklich wichtig, auch diesen Aspekt einzubringen, selbst wenn er dich vielleicht befremdet. Bitte sei nachsichtig und nimm dir das, was dir dient. Ich danke dir.

Meditation

Spirituelles Mitgefühl und Selbstliebe erleben

Gehe in deiner Vorstellung durch ein Tor. Nachdem du durch das Tor gegangen bist, erlebst du dich auf einmal in einer sehr merkwürdigen Situation – du hast dich verwandelt. Du fühlst dich plötzlich wie eine Maus, die in einem Labyrinth umherläuft und dabei bestimmte Aufgaben zu erfüllen hat. Du schaust dich um: Überall sind Gänge, Wände, Knöpfe, auf die du drücken musst, damit du Futter erhältst. Überall warten Aufgaben, die du bewältigen musst, damit du aufsteigen darfst – und du weißt genau, weil du es bereits erfahren hast: Aufsteigen bedeutet, ein anderes, noch komplexeres Labyrinth meistern zu müssen. Irgendwann wirst du nach

Hause zurückkehren, das weißt du, irgendwann brauchst du nicht mehr in Versuchsanordnungen herumzulaufen. Du weißt auch, dass du hier bist, um zu lernen, den Himmel auf die Erde zu bringen, dich selbst zu lieben. Du weißt, du bist in dieser schwierigen Situation, weil du sie selbst gewählt hast und sie meistern willst. Du weißt, du wirst geführt und beobachtet, und du weißt, es gibt einen Forscher, ein ganzes Forschungsteam, das auf dich aufpasst und dir die Aufgaben stellt – so, wie sie für dich gut sind. Du fühlst dich wahrgenommen und geführt – aber manchmal fragst du dich, ob es wirklich so schwierig sein muss. Manchmal fragst du dich, womit du all diese schwierigen Erfahrungen verdient hast, manchmal – auch wenn du es nicht gerne zugibst, weil es zu deinen Aufgaben gehört, dich als Schöpfer deiner Wirklichkeit wahrzunehmen – manchmal fühlst du dich eher als Opfer der Umstände. Dann suchst du noch eifriger nach einer Lösung und fühlst dich womöglich ein bisschen unzureichend, nicht gut genug – und auch das auszuhalten bzw. damit umzugehen ist eine Aufgabe, die es zu meistern gilt. Du findest die Aufgaben bereitwillig heraus und löst sie – und doch, irgendetwas fehlt. Irgendetwas ist nicht ganz stimmig. Du fühlst dich trotz all des Wissens manchmal einsam und irgendwie bestraft, obwohl du dich so sehr um Dankbarkeit und Erlösung bemühst. Du kennst das Gefühl, sicherlich fühlst du dich öfter so in deinem Alltag.

Setze dich bitte einmal hin in deinem Labyrinth und ruhe dich aus. Stelle dir vor, es gibt einen Rastplatz, ein Licht, einen Ort, an dem die Regeln des Labyrinthes nicht gelten, an dem es keine Aufgaben zu meistern gibt – eine Lichtsäule. Es gibt in dem Labyrinth einen Lichtplatz, einen Raum, der eine Verbindung zu den Forschern schafft, der die Schaltstelle bildet zwischen dir und denen, die dich auf diese Reise geschickt haben.

Du setzt dich auf diesen Platz – und wirst auf einmal nach oben gezogen, aus dem Labyrinth heraus, du wächst, wirst größer und lichter, weiter und freier. Mehr und mehr verändert sich dein Bewusstsein – bis du bemerkst: Du selbst bist zu diesem Forscher geworden, der den Menschen, der du bist, beobachtet und ihm Informationen und Aufgaben schickt. Du erlebst dich als dein eigenes Hohes Selbst, als den Aspekt von dir, der dafür sorgt, dass du deine Seelenaufgaben löst. Du schaust auf das Labyrinth hinab, siehst, wie sich die weiße Maus mit ihren Aufgaben abmüht – du siehst den Menschen, der du bist. Du siehst seine Schmerzen, seine Bitten an dich, seine Bereitschaft, die Erfahrungen, die du erforschen willst, immer wieder zu erleben, und du bist sehr berührt, tiefer, als du je auf dieser Ebene berührt warst.

Und auf einmal, wie ein Blitz, trifft dich eine Erkenntnis: Es geht nicht um diesen Menschen. Es geht nicht darum, dass er seine Aufgaben löst. Es geht um dich. Es geht um dein Höheres Selbst, um das geistige Wesen, das du bist. Nicht der Mensch soll etwas lernen, sondern du. Es geht in diesem ganzen Spiel nur um eine einzige Energie, nur um ein Ziel: um Mitgefühl. Und auf einmal weißt du auch, wer dieses Mitgefühl lernen wollte – du selbst, dein geistiges Wesen. Nicht der Mensch muss lernen, sich selbst zu lieben. DU, das geistige Wesen, das du bist, hat sich vorgenommen zu lernen, voller Mitgefühl zu sein. All die Aufgaben, die du diesem Menschen gestellt hast, all das, was du glaubtest, erforschen zu wollen, wird auf einmal vollkommen unwichtig und du spürst bis in die Tiefe deines Seins, dass es nur um eine einzige Erkenntnis ging – nur um Mitgefühl. Es ging immer nur darum, endlich aufzuhören, dem Menschen, der du bist, immer wieder neue Erkenntnisse zuzumuten. Es geht nur um Liebe, nur um Mitgefühl. Aber nicht um die Liebe des Menschen zu sich selbst. DU bist der Schöpfer, dein Hohes Selbst ist es, das alles, was dein Leben ausmacht, was um dich herum geschieht, erschafft. Es geht nur darum, dass du endlich aufhörst, den Menschen, der du selbst bist, mit all diesen schwierigen Situationen zu konfrontieren. Die Suche nach sich selbst mit immer wieder neuen Schmerzen, immer wieder neuen Wegen, die der Mensch, der du bist, gehen musste – alles, damit DU lernst, dich selbst, den Menschen, der du bist, mit Liebe und Mitgefühl zu sehen und zu behandeln. Und auf einmal wird dir klar, was du dir selbst die ganze Zeit zugemutet hast, was du, der Forscher, als der du dich gerade erlebst, der weißen Maus angetan hat. Dachtest du bislang immer, du beobachtest und unterstützt die weiße Maus dabei, wie sie lernt, das Leben zu meistern, so wird dir blitzartig klar, dass DU, das geistige Wesen, du, der Forscher, in Wahrheit der Lernende bist. DU wolltest etwas lernen. Du wolltest lernen, was Mitgefühl ist.

WEIL du dich selbst immer wieder in schwierige Situationen gebracht hast; weil du dich dafür auch noch schuldig gefühlt hast; weil du gedacht hast, du seist nicht gut genug, weil du dir immer wieder diese Situationen anziehst; weil der Mensch, der du bist, gedacht hat, er sei einfach irgendwie noch nicht erleuchtet genug, er habe es verdient; und weil der Mensch immer wieder versucht, damit klarzukommen – all dies, so erkennst du nun, ist so gekommen, weil deine Seele es so entschieden hat. Du hast die Wahl: Du kannst dem Menschen, der du bist, schwierige Situationen erschaffen und im Glauben bleiben, du dienst damit dem Universum, weil es sich selbst erfahren will – oder du erkennst, dass du selbst nur eines lernen wolltest: Liebe tatsächlich anzuwenden – aber nicht auf der menschlichen Ebene, sondern auf der Schöpferebene. Verstehst du? Wenn du dem Menschen, der du bist, Situationen der Liebe und des Glücks erschaffst, dann hast du ihn mit Liebe, Respekt und Mitgefühl behandelt. Dann liebst du dich selbst. Du wolltest lernen, wie es ist, einen Menschen zu lieben, wie sich menschliche Liebe darstellt – aber du, das geistige Wesen, wollte es lernen, nicht der Mensch selbst. Es ging immer nur um dich, um das geistige Wesen, das du in Wahrheit bist, nicht um den Menschen. Warum hat der Mensch, der du bist, Kriege geführt, warum musste er leiden, warum ist er schuldig geworden? Weil du es ihm so erschaffen hast, weil du ihn in diese Situation gebracht hast. Weil du, das geistige Wesen, seziert und beobachtet hast, anstatt dem Menschen ein glückliches Leben zu erschaffen. Und auf einmal wird dir klar, warum so viele Menschen glauben, dass sie von Aliens entführt und untersucht werden, kalt, ohne Mitgefühl und vollkommen unbeteiligt. Es ist wirklich so, und du erkennst, dass du selbst der Alien bist. Das Hohe Selbst, das geistige Wesen, das du bist, beobachtet und erforscht die menschliche Natur – anstatt ein wundervolles Leben zu erschaffen. Auf einmal weißt du, dass es nur darum ging. Wir sind die Aliens, vor denen wir immer Angst hatten – und es ging immer nur darum, dass wir, die Aliens, lernen, die Menschen, die wir auch sind, zu lieben und voller Mitgefühl zu führen. Deine Erlösung ist ganz, ganz leicht: Erschaffe dir von nun an Situationen, in denen der Mensch, der du bist, erfüllt und glücklich leben kann. Senke dein Haupt vor dem Menschen, der du bist, bitte ihn um Vergebung und lerne, deine Liebe, die unpersönliche, geistige Liebe, die dir innewohnt, in Mitgefühl und schöpferische Liebe zu wandeln. Du spürst vielleicht auf einmal Betroffenheit, und das ist auch angemessen. Wer hat denn dem Menschen, der du bist, all diese schwierigen Umstände zugemutet? Wer ist der Schöpfer seiner Erfahrungen? Nicht der Mensch. Sondern DU, das geistige Wesen, das du bist. Auf einmal erkennst du dich selbst in deiner ganzen Kraft und Macht, du erkennst deine nichtmenschlichen Aspekte und bist vielleicht sehr berührt. Vielleicht fallen viele Dinge endlich an ihren Platz, weil du begriffen hast, WER du in Wahrheit bist.

Schaue nun bitte auf den Menschen, der du bist, und bitte ihn inständig um Vergebung für all das, was er durchmachen musste, bis du endlich verstanden hast, dass es um dich, nicht um das Menschsein ging. Du wolltest etwas lernen. Nicht der Mensch. Der Mensch hat sich zur Verfügung gestellt, um dir ein Spiegel zu sein, damit du erkennst, was deine Schöpfungen anrichten und bewirken. Verneige dich vor dem Menschen, der du bist, und versprich ihm aus ganzem Herzen, von nun an Erfahrungen der Fülle, der Liebe und des Glückes zu erschaffen – aus Liebe und aus Mitgefühl. Schicke die weiße Maus bitte nie wieder in ein Labyrinth. Was wäre, wenn all die Forscher in Wahrheit nur eines lernen sollten: die Schöpfung voller Liebe zu sehen und ihre weißen

Mäuse freizulassen? Was willst du noch über das Menschsein erfahren? Wann genau willst du den Menschen, der du bist, endlich in ein Leben voller Glück und Freude schicken? Wie wäre es mit genau jetzt, genau hier und genau an diesem Ort?

So entscheide bitte heute, jetzt, dem Menschen, der du bist, Glück zuteilwerden zu lassen. DU bist der Schöpfer der Wirklichkeit, die der Mensch, der du bist, erlebt und auch erduldet. Sage ihm danke, erkenne ihn an – und vollziehe deinen Quantensprung: Erschaffe dein irdisches Leben von nun an voller Mitgefühl für den Menschen, der du bist. Die Erkenntnis, dass es um dich ging, um das geistige Wesen, nicht um den Menschen, gibt dir die Kraft und das Bewusstsein, von nun an wahrhaftig der liebende Schöpfer deiner gelebten und erlebten Wirklichkeit zu sein. Es gibt nichts zu erforschen. Du, das geistige Wesen, das keine Gefühle kennt, weil es keinen Emotionalkörper hat, wolltest lernen, voller Liebe und Mitgefühl zu erschaffen und schöpferisch tätig zu sein. Und damit ändert sich alles, damit entlässt du den Menschen, der du bist, aus der Schuld, aus der Verantwortung und aus dem Gefühl, niemals gut genug zu sein. Er kann nichts dafür, er hat es nicht erschaffen. Und DU darfst nun endlich aufhören, dir selbst Leid zu kreieren, weil sich dein Bewusstsein verändert hat und du nun verstehst, worum es in Wahrheit ging bzw. noch immer geht.

Wenn du spürst, dass es diesen Aspekt des unbeteiligten Forschers gibt, er aber nicht bereit ist, Mitgefühl zu lernen und irgendwie auch gar nicht zu dir zu gehören scheint – dann schicke ihn weg. Denn dann kann es sein, dass diese Kraft kein Teil deiner eigenen Seele ist. Sage ihm, dass du nicht mehr bereit bist, zur Verfügung zu stehen, sondern dass er deinen Geist verlassen und dorthin zurückkehren soll, woher er gekommen ist – du stehst für Besetzungen nicht mehr zur Verfügung. Du bist kein Forschungsobjekt für andere Wesenheiten, sie dürfen schauen, aber keinen Einfluss mehr nehmen. Wann immer du diesen fremden Aspekt bewusst oder unbewusst eingeladen hast oder zumindest so offen warst, dass er sich eingeladen fühlte – heute und hier endet der Besuch. Schicke ihn nach Hause, es reicht. Rufe Erzengel Michael oder wer immer dir vertraut ist, und bitte ihn, diese Energie aus deinem System zu entfernen. Fülle dich an dieser nun freien Stelle selbst mit Licht.

Suche dir BITTE Hilfe, wenn du das nicht allein machen kannst oder willst.
Bleibe in diesem Bewusstsein und ruhe dich aus, schaue, was das für dich bedeutet, und verbringe noch ein wenig Zeit mit dem Menschen, der du bist – er braucht es, endlich gesehen zu werden, es wird Zeit, dass du ihn wahrnimmst, du, der Forscher des Lebens.

Sagten wir früher »Mein Körper ist der Tempel meiner Seele«, so spüren wir nun mehr und mehr, dass dieser Tempel eine ganz eigene Weisheit hat, dass er nicht nur ein Gefäß ist, mit dem wir nach Belieben umgehen können, sondern dass er eine ureigene Sprache spricht, die wir lernen sollten, wenn wir gesund bleiben wollen. Unser spirituelles Bewusstsein verschmilzt umso mehr mit dem Körperbewusstsein, je mehr wir uns nach seinen Bedürfnissen richten. Wenn wir eins sind mit ihm, haben wir dem spirituellen Bewusstsein die entscheidende Schwingung hinzugefügt, deretwegen wir all das auf uns nehmen: Wir haben den Körper zu einem Teil unserer Seele werden lassen. Wir fühlen ihn. Deshalb können wir ihn nicht länger missbrauchen, weder für unsere ungesunden Angewohnheiten noch, um langsam schwingende Energien anderer Menschen zu transformieren!

Der Weg, den eigenen Körper zu spüren, führt über das Träumen, das Atmen, das Tanzen und das bewusste Fühlen. Zuerst träumen wir unser Leben, dann atmen wir es in den Körper hinein, dann tanzen wir es, manifestieren es durch Bewegung, fühlen auch die Widerstände und durchatmen sie – das ist der schamanische Weg, sich selbst zu gebären und sich selbst nah zu sein.

Manchmal gibt es keinen anderen Weg, und du musst sehenden Auges jemandem oder etwas Schaden zufügen – dann nutze bitte die Zauberkraft des Segnens. Es ist nicht zynisch, jemanden oder etwas zu segnen, während du ihm schadest, auch wenn das so klingt und natürlich nicht missbraucht werden darf.

Wenn du nun den Kopf schüttelst, dann darfst du nie wieder Kartoffeln oder irgendetwas anderes essen, nie wieder Holz verbrennen, Holzmöbel sind auch tabu. Du darfst keine Lederschuhe tragen und ganz sicher keine organisch angebauten Bioprodukte oder irgendetwas anderes, was dieser Planet hervorgebracht hat, in deinen Dienst stellen.

Segne die Kartoffel, die ihre Lebenskraft zur Verfügung stellt, damit du genährt bist. Probiere es einfach mal aus, es ist ein Akt größter Liebe, tiefsten Respekts vor dem Leben selbst und somit eine Handlung voller Selbstliebe. Bemerkst du, wie einfach und konkret »Selbstliebe« ist?

Ich habe in einem Artikel* etwas gelesen, was ich mit dir teilen will, weil es ganz deutlich zeigt, was ich meine:
Es geht um die philosophische Grundlage der Erhaltung der Artenvielfalt – warum sollten wir aus ethischer Sicht die Natur schützen? Es gibt verschiedene Ansätze: der anthropozentrische (den Menschen in den Mittelpunkt stellende) Ansatz geht davon aus, dass wir die Natur schützen sollten, weil sie uns dient, auch ganz global, denn das Ökosystem hat für uns als Menschen einen unersetzlichen Nutzen, es ist unser Lebensraum. Es geht dabei nicht um die Hochachtung vor dem Leben im Allgemeinen, sondern

---

* »Schopenhauers Arche« aus: GEO, Ausgabe vom 2. Februar 2010, S. 144

darum, dass wir schützen, was wir selbst brauchen. Vollkommen in Ordnung, finde ich, denn wenn es dazu dient, dass wir uns ökologisch vernünftig verhalten, reicht das als Argument. Auf der Erde zählt die Tat.

Genau das Gleiche gilt für die Selbstliebe: Du brauchst keinen spirituellen Ansatz, um dich selbst zu lieben. Es genügt, wenn du es für sinnvoll und vernünftig hältst, gut mit dir umzugehen, und das lässt sich ja wohl nicht widerlegen, oder?

Ich biete dir hier einen spirituellen Ansatz, natürlich, weil ich selbst so fühle und denke, aber du brauchst ihn nicht unbedingt zu übernehmen. Lass ihn einfach weg und übersetze dir die Bilder so, wie es für dich stimmig ist, falls ich dir damit nicht zu viel zumute.

Ein weiterer Ansatz, der in diesem Artikel vorgestellt wurde, ist der physiozentrische (das körperliche Leben und die Natur im Allgemeinen in den Mittelpunkt stellende), der der Natur generell einen Eigenwert zubilligt. Einer der frühen Vertreter dieser Denkweise ist Albert Schweitzer, der allen Lebewesen das gleiche Recht zu leben zusprach. Natürlich kam er damit in massive Schwierigkeiten, nämlich dann, wenn er seinen Patienten Medikamente verabreichte – er fühlte sich als Massenmörder von Bakterien.

Peter Singer, ein australischer Philosoph, hält sich diese Konflikte vom Leib, indem er klassifiziert: Nur solche Lebewesen sind wertvoll, die Schmerz oder Genuss empfinden können. (Was die Frage aufwirft, wie er gerade auf diese Werte kommt und woher er weiß, ob ein bestimmtes Lebewesen Schmerz oder Genuss empfinden kann …)

Und das kennen wir. Wir halten uns Schmerz vom Leib, indem wir seltsame, willkürliche Rangordnungen erstellen – aus Angst vor der Verantwortung … oder soll ich es Feigheit nennen?

Wir sind verantwortlich für das, was wir tun, und wenn wir alles Leben als wertvoll erachten (und etwas anders kommt, finde ich, einfach gar nicht infrage), dann machen wir uns selbst immer wieder schuldig, wenn wir sehenden Auges Leben nehmen. Und dennoch haben wir keine Wahl. Das ist die Tragik des Lebens bzw. des menschlichen Bewusstseins und die Quelle unseres Schmerzes. Genau hier fängt die echte Selbstverantwortung an, jene Verantwortung, die dir Würde gibt. Trage sie. Verneige dich vor dem, was du tust, segne deine Kartoffeln und auch das Tier, das für dich geschlachtet wurde, segne den Baum, der dir Schatten spendet, aber auch die Stechmücke. Übernimm Verantwortung. Es ist billig und feige, den Teil des Lebens auszugrenzen, der uns in Schwierigkeiten bringen könnte, außerdem ist es einfach absurd, irgendwelche Grenzen zu ziehen, die völlig willkürlich sind. Was heißt das für dich?

Schaue dir deine faulen Kompromisse und Ausreden an – besonders die spirituellen – und überwinde sie, wenn du lernen willst, dich selbst zu lieben.

Glaubst du wirklich, du kommst damit vor dir selbst durch? Glaubst du, du kannst dich selbst respektieren, wenn du dich vor deinen Verantwortungen dir selbst und dem Leben gegenüber drückst?

Oft höre ich »Ich liebe mich jetzt selbst, also nehme ich mir nun einfach, was ich brauche.« Huh. Das ist keine Selbstliebe, sondern purer Egoismus, und – so leid es mir tut – wir bekommen zurück, was wir säen, und sei es in Form von innerem Schmerz. In der Selbstliebe bekommen wir auch, was wir brauchen, aber wir stehlen es nicht von anderen, sondern öffnen uns dafür, dass es in einer für alle Beteiligten offenen und klaren Form zu uns kommt, dass es jedem dient, nicht nur uns selbst. Das ist ein geistiges Gesetz, und wenn wir gegen dieses Gesetz verstoßen, dann wissen wir das tief im Herzen. Wir können uns nicht lieben, wenn wir uns selbst betrügen, weil wir uns nicht liebenswert verhalten, besonders uns selbst gegenüber.

Wenn du dich selbst liebst, dann bedeutet das, dass du die Kraft findest, deinen Weg zu gehen und dich nicht mit halbherzigen, faulen Kompromissen zufriedengibst, in keiner Hinsicht. Es bedeutet, mutig zu sein und die Opferrolle – jede Opferrolle – hinter sich zu lassen.

Liebst du dich selbst, dann hörst du auf zu klagen und die äußeren Umstände für dein Unglück verantwortlich zu machen. Du krempelst die Ärmel hoch und gehst dahin, wo etwas getan wird, um die Dinge zu ändern.

Du musst deshalb nicht gleich Greenpeace beitreten – aber ETWAS musst du tun – oder zumindest lassen.

Das romantische Konzept der Selbstliebe trägt nicht weit. Die Mythen darüber, wie das Leben sein wird, wenn wir uns erst selbst lieben, vernebeln nur die Sicht und stimmen einfach nicht. Wenn du dich selbst liebst, hast du im Unterschied zum Selbsthass oder zur Gleichgültigkeit eine einzige, aber entscheidende Kraft, mit der du das Leben meistern kannst: Deine eigene positive Lebensenergie. Mehr haben wir alle nicht, aber diese Kraft ist unschlagbar.

Sicher werden sich deine Lebensumstände deutlich verbessern, wenn du dich selbst liebst – weil du anders handelst und änderst, was du ändern kannst! Du wirst anders denken, anders fühlen und damit andere Impulse setzen – aber dass Wunder geschehen, kann ich nicht versprechen. Selbstliebe gibt dir Tatkraft, Mut und diese Klarheit, die du brauchst, um deinen Weg gehen zu können.

Der einzige Unterschied zwischen »Gewinnern« und »Verlierern«, zwischen Opfern und Schöpfern ist, dass die Gewinner, die Schöpfer also, ihre Vorstellungen entweder in die Tat umsetzen oder sie loslassen und einen anderen Weg gehen, wenn sie bemerken, dass sie nicht weiterkommen – immer im Hinblick auf das große Ganze.

Opfer sagen »Man müsste …« oder »Ich würde gerne …« Schöpfer sagen gar nichts. Sie bitten um geistige Führung, atmen, tanzen, richten sich geistig aus – und machen es einfach. Es ist so einfach, und doch ist der Weg so weit.

Sich selbst lieben – wer liebt denn dann wen? »Ich liebe mich …« Wer ist »ich« und wer ist »mich«? Ist es das innere Kind, das Liebe braucht? Ja, auch, aber nicht nur. Verstehst du das Dilemma? Wenn wir nicht definieren, wer wen liebt, dann bleibt »Selbstliebe« einfach ein Schlagwort. Oft höre ich Folgendes: »Ich glaube, mir fehlt es an Selbstliebe. Würde ich mich selbst mehr lieben, dann würde ich nicht so mit mir umgehen, dann hätte ich einen anderen Job, dann wäre ich glücklicher …«

Stimmt das? Oder würdest du dich nicht automatisch mehr lieben, wenn du ein wenig netter und achtsamer mit dir selbst umgehen würdest? Müssen wir jemanden lieben, um ihm mitfühlend und schützend zur Seite zu stehen?

Mit dem Satz »Ich liebe mich selbst nicht genug« können wir scheinbar alles erklären, aber er ändert in Wirklichkeit gar nichts. Und am Ende zeigt er nur wieder, dass du nicht gut genug bist, dass du einen Fehler gemacht hast, dass du nicht genug liebst.

Wir brauchen mehr Liebe, natürlich. Wir dürfen und sollten sehr viel mehr Liebe verwirklichen, in die Tat umsetzen, wirksam werden lassen – besonders in unseren eigenen Angelegenheiten.

Stimmt der Satz »Ich liebe mich«, dient er uns? Ist es nicht viel hilfreicher zu sagen: »Ich lasse in all meine Angelegenheiten, in alles, was ich tue und in alles, was ich denke, sage und fühle, meine Liebe hineinfließen, und ich bin bestrebt, das höchste mir zur Verfügung stehende Potenzial an Liebe zu verwirklichen – auch in meinen eigenen Angelegenheiten«?

Es gibt eine gute Nachricht: Wir brauchen nicht zu lernen, uns zu lieben, wir tun es schon. Wir können gar nicht anders, egal wie weit du dich emotional vom Zustand der Liebe entfernt hast – dein innerstes Wesen, also dein Selbst, ist Liebe.

Bringen wir endlich die Pole zusammen – hier ist eine Meditation, durch die du eins mit dir selbst werden kannst:

Meditation

Eins werden mit sich selbst

Gehe in deiner Vorstellung durch ein Tor – ein Tor, das dich in eine zauberhafte, blühende, unversehrte Landschaft führt. Du gehst ein wenig spazieren, entspannst dich und bemerkst plötzlich, in einiger Entfernung, einen Lichtball, eine Energiekugel, vielleicht auch ein Symbol oder eine Farbwolke – und du weißt, du begegnest deinem eigenen menschlichen Bewusstsein. Der Mensch, der du bist, der all diese irdischen Erfahrungen durchlebt und der die Geistige Welt, seine Seele, auf der Erde als in Form gebrachte Energie erfährt, hat ein ganz eigenes Bewusstsein, das sich aus allem, was er erlebt hat, entwickelt hat – und genau das war auch seine Aufgabe. Du wolltest ein menschliches Bewusstsein ausbilden, eine menschliche Art und Weise, die Dinge zu sehen und wahrzunehmen, und vor allem eine menschliche Weise, das Licht und die spirituelle Kraft auf der Erde in die Tat umzusetzen, zu fühlen, in deine Handlungen und Ansichten einfließen zu lassen. Dazu musstest du dich sehr, sehr weit von deinem eigenen Licht entfernen – sonst hättest du kein menschliches Bewusstsein bilden können, weil dein spirituelles Bewusstsein einen zu starken Einfluss gehabt hätte. Um also ein menschliches Bewusstsein auszuformen, zu entwickeln, musstest du bei null anfangen, das heißt, dich so weit wie irgend möglich aus dem bewussten Einflussbereich deiner eigenen Seelenkraft entfernen und so niedrig wie möglich schwingen.

Nun also begegnest du deinem menschlichen Bewusstsein. Es ist vielleicht viel schwerer, als es dir gefällt, vielleicht auch dunkler oder irgendwie löchrig und unvollständig, vielleicht auch kraftvoll und feurig oder leicht und luftig. Schaue es dir an – so, wie es ist, ist es richtig. Verneige dich bitte vor ihm, und erkenne es als wesentlichen, wichtigen Teil deiner eigenen Entwicklung an. Um dieses Bewusstsein auszuformen, hast du dich auf den langen irdischen Weg begeben.

Nun entsteht vor deinem inneren Auge eine Lichtsäule. Du stellst dich hinein und erlaubst dem Licht, dich zu durchströmen und zu reinigen. Die Lichtsäule ermöglicht dir, wie in einem Aufzug nach oben zu steigen, ganz leicht – bis in jene Dimension, in der du dein spirituelles Bewusstsein erfährst und erlebst. Eine zweite Energiekugel entsteht vor deinem inneren Auge, ein Symbol für dein spirituelles Bewusstsein. Hier ist es vielleicht sehr hell, violett, blau oder weiß, eventuell schwingt es auch in ganz anderen Farben, es ist leichter, vielleicht auch kühler, klarer, nüchterner – oder sehr warm und liebevoll. Wie es ist, ist es richtig. Sicherlich wirst du erkennen, dass es anders schwingt als dein menschliches

Bewusstsein. Nimm nun bitte in deiner Vorstellung diese Energiekugeln in je eine Hand, halte also das menschliche und das spirituelle Bewusstsein in den Händen – oder stelle sie dir wie zwei Energiebälle vor, die jetzt aufeinander zuschweben. Bringe die Energien so weit zueinander, wie dir das im Moment möglich ist, lass sie verschmelzen, denn deshalb bist du auf der Erde: Damit du den Himmel auf die Erde bringst und die Erde in den Himmel, damit das geistige Wesen, das du bist, die Erfahrungen und das Bewusstsein des menschlichen Wesens integriert. Nimm wahr, was passiert, wenn sich diese Bewusstseinskugeln einander nähern. Vielleicht verschmelzen sie ganz leicht miteinander, als hätten sie schon aufeinander gewartet, vielleicht braucht der Vorgang aber auch ein wenig Zeit. Es kann sein, dass das spirituelle Bewusstsein ein wenig zögert, dass es vielleicht glaubt, es würde seine Klarheit und Objektivität verlieren, wenn es mit dem menschlichen Bewusstsein verschmilzt – sei ganz ohne Sorge. Das spirituelle Bewusstsein wird das Empfinden von Mitgefühl erfahren, seine Klarheit jedoch auf jeden Fall behalten. Vielleicht zögert auch das menschliche Bewusstsein, es fühlt sich womöglich nicht rein genug oder zu schwer – das darf es sein. Das ist nun einmal die menschliche Erfahrung, gerade diese Erfahrung war und ist der Sinn des Lebens auf der Erde. Es ist gut, wie es ist, und dein menschliches Bewusstsein kann nichts dafür, dass es schmerzhafte und dunkle Erfahrungen gemacht hat.

Nimm dir Zeit für diesen Prozess, und wiederhole ihn, wenn die Bewusstseinskugeln heute nicht miteinander verschmelzen. Geschieht das aber, werden sie also eins, so nimm wahr, was jetzt passiert – und atme diese nun vollkommen neue Energie in deinen Körper ein, nimm sie ins Herz, lass dich ganz und gar von ihr erfüllen.

Vielleicht fühlst du dich zum ersten Mal vollständig, vielleicht spürst du dich selbst viel klarer und erlebst dich endlich als das, was du bist: ein seelisches, geistiges Wesen mit einem Körper, mit der Möglichkeit, zu fühlen, zu denken und zu handeln.

Sei willkommen, du hast in dir Himmel und Erde vereint, deine unterschiedlichen Bewusstseinsebenen sind miteinander verschmolzen, du bist eins mit dir selbst geworden – deshalb bist du auf der Erde.

Es kann sein, dass du dich nicht besonders liebevoll dir selbst gegenüber verhältst – und auch das ist noch auf eine verdrehte Weise Liebe. Wir haben äußerst stark wirkende Selbstheilungskräfte, die uns immer zur Verfügung stehen. Sie wirken, sie können gar nicht anders. Wenn wir nur wenige Möglichkeiten sehen oder zur Verfügung haben, um gut für uns zu sorgen, dann machen die Selbstheilungskräfte dennoch auf ihre Weise das Beste daraus. Die Selbstheilungskräfte, die du durchaus mit »Selbstliebe« gleichsetzen kannst, sind ausdrücklich an deinem Wohl interessiert und tun alles, damit du im bestmöglichen Gleichgewicht bleibst. Diese Selbstheilungskräfte nutzen die Möglichkeiten – seien sie physisch, spirituell, mental oder emotional – die du ihnen zur Verfügung stellen kannst. Je mehr Möglichkeiten dir also bekannt sind, je mehr Möglichkeiten, gut für dich zu sorgen, in deinem Verhaltensspielraum vorhanden sind, desto besser können deine Selbstheilungskräfte (und damit die kosmische Ordnung, denn du bist Teil davon) dein emotionales, energetisches und körperliches Wohlbefinden stabilisieren.

Gehen wir noch einen Schritt weiter. Setzen wir anstelle der vagen »Selbstliebe« die ganz klare Kraft des Selbsterhaltungstriebes. Wie klingt das? Du hast einen Trieb, also eine natürliche Kraft, die dafür sorgt, dass du überlebst, egal was passiert. Diese Kraft säuselt nicht liebevoll in dein Ohr, sie ruft laut und deutlich »Stopp!«, wenn du dich in Gefahr begibst. Dein Krafttier symbolisiert diese Energie.

Leider ist es uns in mancher Beziehung gründlich abtrainiert worden, auf diesen Selbsterhaltungstrieb zu hören, aber als Trieb gehört er zu unserem Körperbewusstsein und ist noch immer vorhanden. Immer wenn du ein ungutes Gefühl hast und dein Inneres »Nein« sagt, bist du in Kontakt mit ihm. Es ist deine sogenannte Grenze, der Punkt, an dem dein System sich selbst zu schützen beginnt und den andere, aber auch du selbst, nicht allzu weit überschreiten dürfen.

»Ich muss mich abgrenzen«, sagen wir und meinen damit: »Ich muss besser auf meine Grenze achten.« Sie ist nicht verhandelbar, sie schützt unsere Energie und zeigt sich von selbst. Wir brauchen nicht zu lernen, unsere Grenzen zu setzen. Wir spüren sie, ganz individuell, je nachdem, wer gerade vor uns steht und was er von uns will. Unsere Grenze ist schon da. Wir dürfen sie respektieren. Verstehst du den Unterschied? Wir brauchen nicht schon wieder etwas zu lernen, sondern wir dürfen etwas verlernen, nämlich das andauernde Ignorieren unserer eigenen Energien.

Tun wir das nicht, unterdrücken wir also unseren Selbsterhaltungstrieb (der sich im Wurzelchakra befindet), dann werden wir zunächst kurz aggressiv. Der Drache, die Raubkatze, der Bär … unsere Krafttiere fauchen, sie knurren oder sie zischen einen warnenden Feuerstrahl.

Lassen wir diese rasche Aggression zu bzw. hören auf sie und sagen »Nein!«, dann ist alles wieder gut. Unterdrücken wir sie aber, werden wir unterschwellig wütend, unser Verhalten wird feindseliger, wir verlieren unsere Mitte. Das Krafttier wird gefährlich und beginnt zu grollen. Unterdrücken wir auch diese Energie, reagieren wir zunehmend passiv-aggressiv und als nächste Steigerung depressiv. Unser Körper reagiert, weil wir, um unsere vitalen Impulse zu unterdrücken, jede Menge Hormone ausschütten müssen, nämlich jene Hormone, die unseren natürlichen Aggressionsschub stoppen. Wir legen unser Krafttier an die Kette, und es beginnt, bösartig zu werden und sich gegen uns zu richten. Wir überdosieren uns selbst mit antriebshemmenden Hormonen und wundern uns dann, warum unser Körper keine antriebssteigernden Stoffe mehr produziert. Natürlich gibt es sehr viele Ursachen für eine Depression, sei sie endogen oder exogen. Das Unterdrücken des eigenen Selbsterhaltungstriebes ist nicht der einzige Weg, der in eine Depression führt, aber einer, der mit Sicherheit »funktioniert«. Das Krafttier wird krank, mutlos und braucht nun dringend Hilfe.

Atme es. Tanze, schüttle dich, knurre, löse die Kette, versorge dein Krafttier und gib ihm Raum, damit es dich schützen kann – denn darum ist es bei dir, deshalb hast du es gebeten, dich auf deinem Weg auf der Erde zu begleiten!

Wenn du nichts als co-abhängiges Verhalten kennst, also nie gelernt hast, gut für dich zu sorgen, wenn du in irgendeiner Form süchtig bist, sei es nach nach Arbeit, Liebe, Essen oder einer bestimmten Droge; wenn du dich immer ausbeuten lässt, weil du keine andere Möglichkeit siehst; wenn du dir selbst nichts zutraust, entmutigt und voller Groll bist; wenn du immer wieder auf die gleichen Geschichten hereinfällst – dann können deine Selbstheilungskräfte eben auch nur auf bestimmte Verhaltensweisen zurückgreifen. Ist es für dich zur Gewohnheit geworden zu rauchen, wenn du dich entspannen willst, dann wird dieses Verhalten in das Standardrepertoire deiner dich selbst immer wieder neu ordnenden und ausgleichenden Kräfte aufgenommen. Wenn du jedoch deinen Selbstheilungskräften mehr Möglichkeiten gibst, dann wirst du sie sicher auf der Stelle anwenden, egal ob sie dir vollkommen bewusst sind oder nicht.

Selbstheilungskraft ist gleich Selbstliebe – kann man das so sagen? Auf gewisse Weise schon. Denn deine Selbstheilungskräfte sorgen dafür, dass du immer wieder mit dir selbst und deiner Umgebung in Einklang kommst. Sie sorgen dafür, dass es dir so gut geht, wie das unter den innen und außen gegebenen Umständen nur möglich ist. Das mag seltsam klingen, besonders dann, wenn du das Gefühl hast, deine körperlichen, finanziellen, spirituellen, emotionalen und alle anderen Selbstheilungskräfte lassen dich völlig im Stich. Das tun sie nicht. Sie gleichen aus. Wenn sie das nur auf einem sehr niedrigen Niveau tun können, dann hältst entweder du selbst ein höheres Niveau nicht für möglich oder du trägst einen Energiefresser in dir. Dabei kann es sich durchaus um einen verborgenen Anteil in deinem Inneren handeln, denn Energiefresser müssen nicht immer von außen kommen.

Verstehst du? All die Selbstliebe, die du dir je gewünscht hast, hast du bereits in dir.

Du weißt, wie es ist, gut für sich zu sorgen und zu sagen, was du brauchst. Du weißt, wie es sich anfühlt, in Kontakt mit den eigenen Bedürfnissen zu sein, und du weißt, wie es sich anfühlt, wenn etwas fürchterlich falsch läuft. Du hast laut und deutlich protestiert, als deine Bedürfnisse nicht wahrgenommen wurden. All das konntest du wahrscheinlich ungefähr in deinen ersten Lebensjahren tun. Dann hast du begonnen, dich zu verbiegen und dich den gegebenen Umständen anzupassen. Und auch das gehört zur Selbstliebe, denn sonst hättest du vielleicht nicht überlebt. Wir Menschen gehören zu den anpassungsfähigsten Wesen dieses Planeten, das ist ein Segen und ein Fluch, denn wir passen uns auch den unmöglichsten, destruktivsten und naturfernsten Umständen an, besonders, wenn wir sie selbst verursachen. Wir sind so geübt darin, aus der Not eine Tugend zu machen, dass wir gar nicht mehr auf die Idee kommen, dass wir vielleicht eine Wahl haben.

Der Segen besteht darin, dass wir uns absolut auf unsere Selbstheilungskräfte verlassen können. Wenn wir ihnen genug Raum und Gelegenheit geben zu wirken, dann wirken sie. Auch das Sterben gehört dazu, denn das System ordnet sich auf jeder Ebene, nicht nur auf der physischen. Auch das Sterben ist ein Mittel, mit dem deine Selbstheilungskräfte dein Gleichgewicht wiederherstellen – könnte man das nicht so sehen?

Und wenn man es so sieht, geht es dann wirklich darum, dass du lernen musst, dich zu lieben? Oder geht es nicht vielmehr darum, dass du ein Bewusstsein dafür erlangen darfst, wie sehr deine natürlichen Kräfte bereits für dich da sind – und dass es deine Aufgabe ist, ihnen zu folgen? Die Mutter oder den Vater, den dein inneres Kind so sehnlich vermisst, trägst du längst in dir. Deine Selbstheilungskräfte geben dir in jedem Moment einen Impuls, ein Signal für das bestmögliche innere Gleichgewicht. Du spürst, was dir guttut.

Lieben wir uns selbst nicht, weil wir nicht auf diese Signale hören? Ja und nein. Es ist sicher äußerst sinnvoll, auf unsere gesunden Impulse zu hören. Wir tun es nicht, weil wir vergessen haben, wie wesentlich, wirklich essenziell sie sind. Wir halten die Botschaften unserer inneren Stimme (das Wort »Stimme« führt dich vielleicht in die Irre, es ist eher ein inneres Wissen, ein Spüren, manchmal auch ein körperliches Symptom: Magenschmerzen, Kopfweh und Enge in der Brust könntest du in bestimmten Situationen durchaus als »innere Stimme« bezeichnen!) für verhandelbar, für eine von vielen Möglichkeiten zu handeln. Das ist ein Irrtum. Wir haben in jeder Sekunde ein Gefühl dafür, was wir brauchen – und wir sind hervorragend darauf trainiert, Plan B, C oder D auszuführen und unsere eigentlichen Ziele hintanzustellen.

Werden wir zu unsozialen, egoistischen Wesen, wenn wir uns lieben und für uns selbst sorgen? Das ist immer noch eine weitverbreitete Angst.

Ein für alle Mal, liebe Leserinnen und Leser: Wir sind soziale Wesen. Es ist in unserem eigenen Interesse, es uns mit anderen nicht zu verderben und in Liebe mit allem zu leben. Warum werden wir in den Abendnachrichten mit schmerzhaften Informationen bombardiert? Weil sich Gewalt falsch anfühlt. Wir halten es für so falsch, in Hass und Gewalt zu leben, dass wir es in den Nachrichten senden – es ist eben der gefühlte Ausnahmezustand, nicht das, was wir wirklich wollen. Sonst würden wir nicht immer wieder darauf hinweisen. Wie sinnvoll es ist, immer auf das hinzuweisen, was wir NICHT mehr wollen, ist eine andere Frage – aber wir erkennen an unserer eigenen Reaktion auf Gewalt und Hass, wie sehr wir uns Frieden und Liebe wünschen. Es ist unser natürlicher Zustand. Wir sind im Kern Frieden und Liebe, und wenn wir können, wie wir wollen, dann verwirklichen wir Freude und Liebe. Und wenn wir nicht können, wie wir wollen, dann wird es wirklich Zeit, das zu ändern!

Warum sind wir so berührt, entsetzt oder verzweifelt, wenn wir sehen, wie mit Kindern, alten Menschen oder solchen, die sich nicht wehren können, Tieren oder überhaupt der Erde umgegangen wird? Weil es uns eben nicht entspricht, weil unser Herz eine andere Sprache versteht. Also werden wir, wenn wir wirklich auf unsere innere Stimme hören, erkennen, dass sie uns oft zum Wohle aller berät.

Hältst du es zum Beispiel für sinnvoll, auf Kosten anderer zu leben? Hast du nicht auch dieses nagende schlechte

Gewissen, wenn du etwas kaufst, was irgendwie zu billig ist? Zu Recht. Irgendjemand zahlt den Preis, am Ende der Mensch, der die Ware hergestellt oder etwas geerntet hat – und ganz am Ende zahlt ihn das Tier, das unter unmöglichen Umständen lebte und starb, unser Planet, das Ökosystem – und weil wir mit allem verbunden sind, gilt nun tatsächlich der Satz »Alles ist eins«. Der Schaden, den wir anderen zufügen, fügen wir ohne Umschweife unserer Seele zu, denn wir wissen ganz genau, wie sich liebevolles Verhalten anfühlt und wie nicht. Es ist also im absolut ureigenen Sinne, sich so liebevoll, mitfühlend und ganzheitlich zu verhalten, wie es nur möglich ist. Was hat das mit Selbstliebe zu tun? In der Selbstliebe fügen wir uns selbst keinen Schaden zu. Schaden wir einem anderen, schaden wir uns aber auch selbst, ganz einfach. Noch nicht einmal, weil der Schaden nach dem Gesetz der Anziehung auf uns zurückfällt – obwohl auch das der Fall sein kann –, sondern ganz direkt.

Wir fügen dem Energiesystem, in dem wir leben, eine niedrige Schwingung hinzu, in der wir nun eben auch leben müssen. Wir verpesten unseren eigenen Raum, wenn wir uns egoistisch, angsterfüllt und nicht liebend verhalten.

»Was ist sonst neu?«, magst du dich nun fragen. Nun, es ist wichtig, die Zusammenhänge zu verstehen. Selbstliebe ist kein großartiges Ziel, das du in einer wundervoll geführten Meditation erreichen und dann für immer festhalten kannst. Sich selbst zu lieben bedeutet, eine bewusste Beziehung zu sich selbst herzustellen. Die Voraussetzungen sind längst da, du weißt, was dir guttut und was dir schadet. Weiß es dein Kopf nicht, so weiß es doch dein Herz – und am besten weiß es dein Körper, denn er macht sich jedes Mal bemerkbar, wenn du angsterfüllt denkst, fühlst oder handelst.

Das bewusste und achtsame Handeln ist die Brücke, und mehr gibt es nicht zu tun – das aber immer und jeden Tag! Mehr brauchen wir nicht zu tun. Das jedoch kann ein sehr langer Weg sein.

Es ist ganz einfach: Wenn du nur drei Instrumente zur Verfügung hast, deine Selbstheilungskräfte aber, um überhaupt einigermaßen ordentlich arbeiten zu können, mindestens fünf brauchen, dann hast du ein Problem. Dann kann sich dein Leben nicht wirklich entfalten, dann fehlt immer etwas, dann fühlst du dich im Mangel und bist es auch – du lebst unter deinen Möglichkeiten, weil du nicht genügend Instrumente hast, um dein Stück auf Erden so wohltönend und weittragend zu spielen, wie es ursprünglich gemeint war. Mit diesem Buch möchte ich dir Instrumente zur Verfügung stellen, die du nutzen kannst. Aber wie funktioniert Selbstliebe im Alltag?

Wir haben in vielen Seminaren immer wieder die Erfahrung gemacht, dass das Bewusstsein und die alles immer wieder neu ordnenden inneren Kräfte sofort auf neue Möglichkeiten zugreifen. Erst gestern erzählte mir eine

Klientin, sie hätte zwar in einem unserer Seminare eine bestimmte Übung gemacht, aber überhaupt nicht verstanden, wie sie diese Übung auf ihren Alltag anwenden könnte. Ich hatte ihr gezeigt, wie sie aus einem niedrig schwingenden Energiefeld (zum Beispiel Ärger, Wut, Angst, eine ungesunde Beziehung, jemand, der Energie raubt etc.) aussteigen, wie sie einfach einen Schritt zur Seite gehen und in ein höheres Energiefeld wechseln kann, wenn sie das will.

»Wie aber wende ich das an?«, klagte sie beinah ein wenig ungehalten darüber, dass ich ihr solch scheinbar weltfremde Übungen zumute, ohne ihr eine Gebrauchsanweisung für ihren Alltag mitzugeben.

Nun, sie hatte ihre Gebrauchsanweisung bereits. Sie erzählte mir nämlich, dass sie sich in einem besonders schwierigen Moment an jene Übung erinnert und auf einmal gespürt habe: »Ich habe die Erfahrung, ein niedrig schwingendes Feld zu verlassen, schon gemacht, wenn auch in einem sehr geschützten Rahmen. Ich weiß, wie das geht!«

Und ohne zu wissen, wie sie es bewerkstelligte, trat sie auf einmal innerlich zur Seite, verließ die niedrig schwingende Energie und konnte anders handeln – konnte überhaupt handeln! Verstehst du? Die Übungen in diesem Buch mögen abstrakt erscheinen und überhaupt nichts mit deinem Leben zu tun haben. Aber dein Gehirn verschaltet sich neu und deine Möglichkeiten verändern sich, du erhältst ein neues Werkzeug, ein weiteres Instrument dazu.

Du gibst dir selbst Chancen zur Veränderung, die dein Bewusstsein nutzen kann und wird. Die Übungen wirken wie jene in einem Flugsimulator: Für das Gehirn ist es egal ob du »übst« oder ob du dich tatsächlich in einer von außen gegebenen Situation behaupten musst. Lass also die Fragen, wie du diese Übungen im Alltag anwenden kannst, los, vertraue darauf, dass dein Bewusstsein weiß, wie es die Erfahrungen, die du hier erlebst, in eine äußere Handlung umsetzen kann. Lerne einfach nur die neuen Instrumente kennen – deine Selbstheilungskräfte werden sie an den richtigen Stellen nutzen. Die Selbstheilungskräfte sind die Musiker, die dein Lied immer wieder harmonisieren.

Denn das ist Selbstliebe: die Liebe zu deinem eigenen Selbst, zu der Musik, die durch dich auf Erden fühl- und hörbar werden will.

Erweitern wir also die Möglichkeiten, stellen wir deinem ausgleichenden System, der Ordnung, in der du lebst, stellen wir deinen Selbstheilungskräften einen Werkzeugkoffer (oder Musikinstrumente, wie immer du das Bild lieber magst) zur Verfügung, der dich auf ein ganz neues Energieniveau heben kann. Deine Seele wartet nur darauf.

Ich möchte dir hiermit ein Wohlfühlbuch an die Hand geben, ein Buch mit Übungen, Informationen, aber auch mit Durchsagen aus der Geistigen Welt. Wir können lernen, uns selbst zu lieben, das meint, uns liebend uns selbst gegenüber zu verhalten. Aber die umfassendste, größte und grundlegendste Liebe dürfen wir einfach so erfahren, ohne etwas tun zu müssen: die Liebe Gottes zu seiner eigenen Schöpfung. Wir müssen nicht alles allein machen, wir werden bereits unermesslich geliebt. Diese Liebe der Geistigen Welt – seien es nun die Krafttiere, die sich uns zur Verfügung stellen, seien es Engel oder andere geistige Wesen, sei es die große Tierseele, die sich durch ihre irdischen Kinder voll und ganz in unseren Dienst stellt – möchte in dieses Buch hineinfließen.

Heute Morgen wachte ich auf und bat darum, gerade bei diesem Buch ganz besonders gut geführt zu werden. Ich bat um eine Erleuchtung, einen Schlüssel, den ich dir anbieten kann, damit wir endgültig und ein für alle Mal verstehen und wissen: Wir werden geliebt, wir sind Liebe, und es ist unser höchstes Bestreben, diese Liebe in die Tat umzusetzen – und zwar so, dass du es ganz leicht spüren kannst. Ich bekam eine Antwort:

Ihr wollt Schlüssel, um diese Liebe zu spüren? Ihr habt den Schlüssel, es ist euer Herz. Wir können euch keine Technik an die Hand geben, keine innere Reise, um diese Liebe zu spüren, wir werden sie aber verstärken und in ihrer Frequenz so verändern, dass ihr sie beim Lesen deutlich spüren könnt. Das Buch wird ein Zauberbuch sein, beim Lesen werden sich die Kanäle öffnen, denn wir werden unsere Energie so anpassen, dass jeder Leser dieses Buch als seine persönliche Liebeserklärung anerkennen kann. Wir wollen euch berühren, wir lieben euch unermesslich und sind voller Freude und Glück darüber, wie ihr euren Weg geht, den ihr auch für uns und das ganze Universum geht. Ihr seid die, nach denen ihr euch immer gesehnt habt, die Engel auf Erden, die inkarnierten Meister, das Licht in Menschengestalt. Jesus Christus wandelt mitten unter euch, aber die Christusenergie konzentriert sich nicht mehr auf eine Person. (Du bist Christus, wenn du dich dadurch angesprochen fühlst, du musst es nicht erst werden, du bist es schon. Du bist die Liebe, nach der du suchst, wir sind da, aber du selbst bist so viel größer und strahlender, als dir das bewusst ist.) Eure Körper schwingen noch auf einer niedrigeren Frequenz, deshalb spürt ihr das noch nicht in dem Maße, wie es möglich ist und auch nötig ist. Je mehr ihr euren Reichtum an Liebe erkennt und selbst spürt, desto leichter könnt ihr ihn fließen lassen – und umso leichter wird es, ihn zu fühlen. Je mehr ihr euren Reichtum fließen lasst und im Außen zur Wirkung bringt, desto mehr fühlt ihr ihn selbst. Die Welt ist euer Spiegel, und je mehr eure Herzen in der Welt sprechen dürfen, desto mehr Bewusstsein bekommt ihr über ihre Sprache. Das ist das Spiel auf der Erde, ihr seid, wer ihr seid, und in der Wechselwirkung mit anderen erkennt ihr euch selbst. So lasst eure Liebe fließen, fragt nicht danach, geliebt zu werden, sondern liebt – andere, aber besonders euch selbst. Woran erkennt ihr Liebe? An vollkommenem, wertfreiem Füreinander-da-Sein. Besonders für euch selbst. Je mehr ihr für euch selbst da seid, euch zur Seite steht, desto leichter und freudiger könnt ihr auch für andere da sein, weil ihr keine Angst habt, in Mangel zu geraten, denn ihr seid ja bereits versorgt. Wie ihr euch im Falle einer Gefahr im Flugzeug zunächst selbst die Sauerstoffmaske aufsetzt und erst dann für andere da seid, so ist die Beziehung zu euch selbst die wichtigste. Ihr könnt erst geben, wenn ihr für euch selbst genug habt, sonst geratet ihr in Mangel und holt euch Energie bei anderen. Wir sind hier. Wir geben euch alles, was ihr braucht, ihr seid unsere Schwestern, unsere Brüder, ihr gehört zu uns, und wir erinnern euch daran, dass ihr nichts als Liebe seid, nichts als Licht, als schöpferische Kraft. Das klingt für die Menschen, die ihr seid, zu wenig, ihr wollt spüren, dass ihr geliebt werdet, wollt in den Arm genommen werden, jemand soll euch zuhören und bei euch sein. Und dennoch ist die Liebe, die ihr seid, die Basis, denn diese Liebe zieht mehr Liebe in euer Leben. So lasst uns für euch da sein, selbst wenn sonst niemand mehr zur Verfügung steht, lasst uns an eurer Seite sein, wendet euch uns zu, und erlaubt uns, euch fühlen zu lassen, wie unermesslich ihr geliebt werdet.

Selbstliebe meint, sich selbst anzuerkennen, sein Wohlergehen an erste Stelle zu setzen, gut mit sich umzugehen und die Erfüllung seiner Wünsche, Träume und Energien auf dieser Erde selbstverantwortlich in die Hand zu nehmen. Es meint, mitfühlend mit sich selbst zu sein, sich zu ermutigen, sich zu unterstützen und seine Bedürfnisse ernst zu nehmen, sie in aller Liebe zu erfüllen und gut für sich zu sorgen.

Selbstliebe meint vor allem, sich selbst nicht mehr zu verlassen, sich nicht zu verurteilen, sondern sich liebevoll und mitfühlend zur Seite zu stehen.
Selbstliebe meint, nachsichtig mit sich selbst zu sein, aber auch streng an Stellen, an denen man sich hängen lässt. Es meint, sich selbst ernst zu nehmen und dafür zu sorgen, dass man erfüllt und schöpferisch auf dieser Erde weilt, was immer im konkreten Fall Erfüllung bedeutet.

Wenn du ganz in der Selbstliebe bist, dann folgst du deinen vitalen, lebendigen Impulsen, nicht deiner Angst.

In der Selbstliebe sorgst du dafür, dass du dich selbst spürst, egal wie sich das anfühlt.

In der Selbstliebe stellst du dich selbst nicht infrage, sondern hörst dir zu und nimmst dich ernst.

In der Selbstliebe tust du, was sich für dich richtig anfühlt, und lähmst dich nicht mit Zweifeln, Zögern oder Hadern.

In der Selbstliebe erinnerst du dich daran, dass du weißt, was du brauchst, was dich nährt und unterstützt und dass du auch weißt, woher du es bekommen kannst. Du weißt, du kannst dich jederzeit dafür öffnen und darum bitten – und du tust es auch.

In der Selbstliebe lässt du alles hinter dir, was dich zu viel Kraft kostet und dich nicht nährt.

In der Selbstliebe weißt du um deine schöpferischen Kräfte – und du nutzt sie.

Was lernen wir daraus? Selbstliebe ist weniger ein Gefühl als vielmehr eine Art, sich zu verhalten. Du spürst deine Liebe zu dir selbst über dein Tun, nicht über dein Gefühl oder deine Pläne. Das ist so, weil du hier auf Erden bist, und die Erde fordert nun mal die Frequenz der Tat – der Umsetzung von Energien in für unseren Körper und unsere Sinne sicht- und fühlbare Handlungen.

Du kannst einem Kind zehnmal sagen, dass du es liebst, oder es einmal im richtigen Moment fest und schützend in den Arm nehmen – was wirkt wohl intensiver?

Deine Selbstliebe findet ihren Ausdruck in deinem Verhalten, und daher kannst du dich selbst noch so sehr im Spiegel anlächeln – wenn du dich nicht liebend verhältst, verpufft die Energie.

Dieses Buch möchte den Raum dafür schaffen, dass du die inneren Voraussetzungen herstellst, um dich selbst lieben zu lernen. Aber diese Voraussetzungen können nicht dein liebendes Handeln ersetzen. Vielleicht aber kommst du mit dir selbst in einen neuen Kontakt, erlebst dich als das liebenswerte und wundervolle Wesen, das du bist – ein Wesen, das es verdient hat, mit aller Achtung und Wertschätzung behandelt zu werden – ganz besonders von dir selbst.

Wissen ersetzt nicht achtsames Handeln. Sicher wirst du, wenn du dich mit dem Thema Selbstliebe beschäftigst, erkennen, in wie vielen Bereichen deines Lebens die Basis deines Handelns eher Angst als Liebe gewesen ist. Nun, du wirst deine Gründe gehabt haben, wir alle sind verletzt worden und haben Vertrauen verloren. Das wichtigste Vertrauen jedoch ist das Vertrauen in das eigene Selbst, in die eigene Fähigkeit, immer wieder Lösungen zu finden, immer wieder um Hilfe zu bitten und sich führen zu lassen. Es gibt eine innere höhere Führung, eine Ordnung, eine Art kosmische Selbstheilungskraft, die dafür sorgt, dass das Leben immer weiter fließt, egal was geschieht. Die Schöpfung beweist, dass das Leben immer seinen Weg findet. Egal wie widrig die Umstände sind: Gibt man der Natur ein wenig Raum, ordnet sie sich neu, erfindet neue Ausdrucksformen und passt sich an. Ich habe es in einem anderen Buch bereits geschrieben: Wenn du dir bewusst machst, dass selbst in den unwirtlichsten Gegenden der Erde, an den heißen Tiefseeschloten, in der Arktis, in den dunkelsten Meerestiefen Leben gedeiht, allem Unbill zum Trotz einen Ausdruck findet, dann wird es auch für deine Umstände immer wieder eine Lösung finden. Schlimmer als eine Eiszeit, ein Tsunami oder ein gewaltiges Erdbeben, bei dem Tausende sterben oder verletzt werden, können auch deine Umstände nicht sein.

Es ist ein Ausdruck tiefer Liebe zu dir selbst, immer wieder diese Ordnung um Hilfe zu bitten und davon auszugehen, dass du nicht immer alles wissen und perfekt sein musst.

Selbstliebe ist ein ziemlich abstrakter und strapazierter Begriff, aber lass dich nicht entmutigen. Wir alle haben Tage, an denen wir uns unausstehlich finden und an uns verzweifeln. Wie in jeder liebenden Beziehung geht es immer wieder darum, den Kontakt zu uns selbst zu bewahren und uns auch dann, wenn wir uns gar nicht mögen, zur Seite zu stehen. Uns selbst zu lieben bedeutet nicht, immer und immer zu wissen, was uns guttut, und das auch zu tun. Das wäre schön, ist aber letztlich auch wieder nur spirituelles Hollywood. Uns selbst zu lieben bedeutet, uns beizustehen, voller Mitgefühl, Geduld und Liebe – auch dann, wenn wir nicht weiterwissen und uns selbst unmöglich finden.

Die Meditationen in diesem Buch können nur die Voraussetzungen schaffen und dir den Kontakt zu dir selbst ermöglichen. Sich selbst zu lieben ist eine Handlung, ein Weg, den du gehst – wie immer, wenn du Beziehungen führst.

Sich selbst zur Seite stehen

Was heißt das, sich selbst zur Seite zu stehen? Nun, du kennst sicher das Gefühl, dich selbst zu verurteilen, dich für blöd oder unzulänglich zu halten, dir die Fehler und Versäumnisse, die passiert sind, immer wieder vorzuwerfen. Du weißt ganz genau, wie es ist, sich selbst eben NICHT zur Seite zu stehen. Wenn du dich für wenig wertvoll hältst, wenn du glaubst, du hättest das Gute, das die Erde und das Leben zu bieten haben, nicht verdient, wenn du lieber leidest oder es anderen gut gehen lässt, als für dich selbst zu sorgen, dann liebst du dich nicht fühlbar.

Sich selbst für einen liebenswerten Menschen zu halten, bedeutet nicht, dass du von nun an egoistisch, für andere nicht mehr verfügbar und anmaßend wirst. Du findest dich, wenn du dich selbst liebst, nicht unwiderstehlich und super, du bist einfach nur bei dir und hältst dir die Treue. Wenn du dich selbst liebst, dann bedeutet das nicht, dass dir das Gute auch zusteht, dass das Leben dir etwas schuldig ist, wie einige meinen. Das ist die Idee des Egos. Das Leben ist dir gar nichts schuldig, es IST einfach.

Aber wir haben die ausdrückliche Erlaubnis, ja, den Auftrag, die Früchte auch zu ernten. Es heißt nicht, dass du all das Gute, das du gesät hast, automatisch bekommst. Aber wir dürfen danach streben und es für möglich halten. Es bedeutet im Außen zunächst gar nichts – aber innen passiert ein vollständiger Systemwechsel.

Sich selbst zu lieben bedeutet, dass du von nun an anders mit dir selbst umgehst und den inneren Kritiker, der dich meist strenger beurteilt als jedes andere Wesen auf diesem und anderen Planeten, liebevoll in die Arme nimmst oder zum Schweigen bringst – je nachdem, was angebracht ist.

Sich selbst zu lieben bedeutet, dass du von nun an nie wieder allein bist und alles meistern kannst, weil du jemanden bei dir hast, der dich immer wieder ermutigt und unterstützt. Du hast deinen besten Freund, deine (liebevolle!) Mutter und deinen (unterstützenden!) Vater immer bei dir, wenn du lernst, dir selbst zur Seite zu stehen. (Meistens steht uns durchaus ein anderer innerer Anteil zur Seite – derjenige, der schneller als das Licht bereit ist, uns zu verurteilen oder für hässlich zu halten.) Wie oft hast du verzweifelt und resigniert über dich selbst den Kopf geschüttelt? Wie oft wolltest du dir die Haare ausreißen, den Kopf gegen die Wand schlagen, weil du dich einfach nicht mehr ertragen konntest, all die Gedanken, Gefühle und das, was du aus deinem Leben gemacht – oder eben nicht gemacht hast? Klingt das pathetisch? Nun, es stimmt einfach, oder? Selbsthass sitzt tief und braucht keine großartigen Anlässe, um auszubrechen. Er zeigt sich bereits im Kleinen, ganz subtil. (Nun, so subtil auch wieder nicht, er ist für die Menschen um uns herum meistens sehr deutlich erkennbar …)

So äußert es sich, wenn du dir selbst nicht zur Seite stehst:

Du sagst Nein, obwohl du Ja sagen willst und umgekehrt.

Du erlaubst dir nicht, um Hilfe zu bitten, denkst wahrscheinlich nicht einmal an diese Möglichkeit.

Du verschiebst dein Wohlbefinden oder deinen Spaß auf unbestimmte Zeit – auf die Zeit, wenn »alles erledigt ist«. (Wir beide wissen ganz genau, dass diese Zeit niemals kommen wird, oder?)

Du betäubst dich mit zu viel Arbeit, Kontrolle oder Süchten.

Du bist schneller als jeder andere bereit, dich für unzulänglich, zu dick, nicht schön oder einfach nicht gut genug zu halten.

Du glaubst nicht wirklich, dass auch du ein geliebtes Kind Gottes bist – und falls du es doch glaubst, dann fragst du dich ernsthaft und verzweifelt, womit du dir auch weiterhin diese Liebe verdienen kannst. (In diesem Fall kann es sein, dass dein Hohes Selbst Mitgefühl lernen darf – wie wäre es denn, wenn die Umstände, in denen du hier auf der Erde lebst, die Beziehung deines eigenen Hohen Selbst zu dir, dem Menschen, spiegelten?)

Wenn es dir schlecht geht, dann verurteilst du dich, anstatt dir selbst Mitgefühl zu schenken und dir einen Tee zu kochen.

Du bist es gewohnt, in dir selbst nach Fehlern zu suchen, anstatt dich zu fragen, wozu die Situation so, wie sie ist, dient.

Du hast rigide und enge Vorstellungen davon, wie du sein musst, damit du liebenswert, spirituell »richtig« oder ein guter Mensch bist.

Deine Wertvorstellungen sind eng, und du tust alles, um dich selbst immer wieder zu kontrollieren.

Du erlaubst dir nicht, Situationen zu verlassen, die dir Energie rauben, sondern hältst viel zu lange durch und aus.

Insgeheim pflegst du Groll gegen alle, die es scheinbar besser haben als du, ohne sich so sehr anzustrengen, wie du es tust. Insgeheim wartest du auf eine Belohnung für dein braves Verhalten, und ganz, ganz insgeheim hältst du dich womöglich auf eine ungesunde und ein wenig überhebliche Art für einen besseren Menschen, weil du dich so sehr anstrengst. Das ist vermutlich deine einzige, zugegebenermaßen ziemlich verdrehte Art von Belohnung für das Bravsein.

Übung

Sich selbst zur Seite stehen

Wie oft spürst du dich selbst nicht, flüchtest dich in Suchtverhalten, in Aktionismus, in zu viel Fernsehen oder in dein Rettersyndrom? Sich selbst zu lieben meint, sich auch dann hinzusetzen, zu atmen und sich Raum zu geben, wenn es dir nicht gut geht. Gerade dann. Wenn du dich selbst nicht spürst, dann nimm bewusst Kontakt mit dir selbst auf, so, als wärest du ein sehr guter Freund. Setze dich hin, lausche deinem Atem. Mehr gibt es nicht zu tun. Schenke dir Zeit mit dir selbst. Es geht nicht immer darum, großartige Gefühle oder Erkenntnisse zu haben, tolle innere Bilder zu sehen oder die innere Führung zu spüren. Es geht auch nicht darum, immer Wunder weiß wie deutlich in Kontakt mit seinem Höheren Selbst zu sein. Manchmal geht es nur darum, sich hinzusetzen und Zeit mit sich zu verbringen. Jede Minute, die du bewusst mit dir selbst verbringst, auch wenn du nichts spürst, nur schweigst, dich vielleicht nicht einmal besonders gut fühlst, stärkt deine Beziehung zu dir selbst – und darum geht es, wenn du dich selbst lieben lernen willst. Es ist ein Weg, kein Ziel, das ist wirklich wichtig zu verstehen.

Also, setze dich hin, atme, und lass alle Erwartungen an das, was nun geschehen soll, los. Es muss und soll gar nichts geschehen, du bist nur bei dir. Es ist, als würdest du zum Telefon greifen, einfach um zu hören, wie es deiner Freundin geht, ohne Erwartungen an das Gespräch zu haben. Vielleicht will sie nicht mal reden. Aber du hast ihr Raum, Zeit und Aufmerksamkeit gegeben, und DAS stärkt die Beziehung.

Sitze still bei dir selbst, und gib dir ein Signal, dass du bei dir bist. Mehr gibt es manchmal nicht zu tun.

Übung

Sich selbst tanzen

Tanzt du gerne? Lege dir eine intensive, vielleicht mit Trommeln unterlegte Musik auf, ja, gerade WEIL du dich im Moment nicht spürst. Atme den Feueratem – zweimal kurz durch die Nase ein, einmal lang durch den Mund aus – so, als würdest du zweimal rasch die Nase hochziehen, dann lass die Luft durch den geöffneten Mund mit einem »Ha« ausströmen. Gerade wenn du gar keine Lust hast, weil du dich selbst nicht spürst, ist es so hilfreich, sich zur Seite zu stehen und sich selbst zu zeigen, dass du DA bist. Atme ruhig ein und aus und beginne, dich selbst zu tanzen. Vielleicht hast du keine Lust, dich zu bewegen, dann tue es dennoch – das Leben wird sich nach wenigen Minuten Raum nehmen. Schüttle eine Hand, dann einen Arm, atme – und schaue, was geschieht. Deine Seele und das Leben sind stärker als die Lähmung und das Nichtfühlen. Wenn du dem Leben Raum gibst, dann wird es fließen. Du bist bei dir, und nur um diesen Impuls geht es.

Das gilt natürlich nicht, wenn du tatsächlich schwerwiegende Gründe für dein Nichtfühlen hast, zum Beispiel eine endogene Depression – dann lass dir bitte helfen.

Sich mit sich selbst versöhnen

»Einen Menschen zu lieben, heißt, ihn so zu sehen, wie Gott ihn gemeint hat«, sagte Dostojewski. Das bedeutet nicht, ihn dauernd mit dem Bild zu vergleichen, von dem du glaubst, dass er ihm entsprechen muss. Es bedeutet auch nicht, ihn zwar zu sehen, wie Gott ihn gemeint hat, ihn dann aber immer wieder dafür zu verurteilen, dass er nicht in jedem Bereich seines Lebens auch genauso handelt, fühlt und denkt.

Wie also hat Gott dich gemeint? Und kannst du dich selbst auch genauso sehen – mit den Augen der Liebe? Und dich entsprechend behandeln, nämlich liebevoll, fürsorglich, gütig und achtsam? Wahrscheinlich nicht, sonst hättest du dieses Buch nicht in der Hand. Schauen wir also genauer hin.

Wie gesagt: Sich selbst zu lieben, ist ein Weg, kein Ziel. Wenn du dich selbst lieben willst, dann verhalte dich wie jemand, den du lieben kannst! Warum wollen wir denn lernen, uns selbst zu lieben? Nicht so sehr, um zu lieben – sondern um endlich geliebt zu werden, richtig? Der Wunsch nach Selbstliebe ist der Wunsch, endlich gut behandelt zu werden, endlich geliebt zu werden, endlich jemanden an unserer Seite zu haben, auf den wir uns voll und ganz verlassen können.

Also verhalten wir uns doch bitte wie jemand, der diese Liebe verdient hat – sonst nehmen wir sie sowieso nicht an, sondern laufen dauernd mit Schuldgefühlen umher. Wir müssen nicht lernen, die Schuldgefühle loszulassen, liebe Leserinnen und Leser, wir müssen uns endlich so verhalten, dass wir keine Schuldgefühle mehr zu haben brauchen! Damit meine ich nicht die pathologischen Schuldgefühle, die mit der Co-Abhängigkeit einhergehen, denn in diesem Fall sind sie das Nebenprodukt, der Suchtdruck, die Entzugserscheinungen einer Krankheit.

(Ich bezeichne Co-Abhängigkeit als Krankheit, weil ich mich im Zustand der Co-Abhängigkeit wirklich sehr krank fühle, krank im Herzen, im Körper, in der Seele und im Geist. Streiche das Wort »Krankheit« und schreibe »ungesunde Angewohnheit« hin, wenn sich das besser anfühlt, es ist DEIN Buch.)

Ich meine die berechtigten Schuldgefühle, jene Gefühle, die wir haben, weil wir eben nicht nach bestem Wissen und Gewissen, nicht im Sinne unseres Herzens handeln – und dann auch noch nach Ausreden, Entschuldigungen oder Legitimationen gieren. Würden wir wenigstens die Verantwortung dafür tragen, dass wir uns weniger verantwortungsbewusst verhalten, als uns das möglich ist und als angemessen wäre – aber nein, wir vernebeln uns selbst die Sicht und stehlen uns durch die Hintertür davon. Was soll das denn bitte für ein Verhalten sein?

Liebst du jemanden, der nicht sein Bestes gibt, sondern sich irgendwie durch die Welt mogelt und dann auch noch nach Entschuldigungen dafür sucht? Natürlich nicht. Also höre auf damit. Klingt das hart? Ja, klar. Stimmt es dennoch? Leider ja, oder?

Natürlich müssen wir Liebe nicht verdienen, wir SIND im Kern Liebe, aber auf der Erde, in der Dimension, in der wir Liebe brauchen, weil wir vergessen haben, dass wir Liebe SIND (selbst wenn wir uns immer wieder daran erinnern, nutzt es uns hier, in dieser Frequenz, oft nicht viel, denn hier gibt es nun mal auch andere Schwingungen), ist es sinnvoll, sich selbst zu umwerben. Was tust du, wenn du mit jemandem Freundschaft schließen willst? Du hörst zu, du bist da, du verhältst dich liebevoll und aufmerksam. Wäre das nicht ein guter Anfang? Jede Liebe muss wachsen, auch die Selbstliebe.

Es ist wirklich wichtig zu verstehen, dass Liebe kein Gefühl ist. Es ist eine innere Haltung, ein Bewusstseinszustand.

Liebe kann sich als Gefühl ausdrücken, aber letztlich ist es nicht so wichtig, ob du dauernd mit dem Gefühl der Liebe herumläufst oder nicht. Wo sich Liebe aber unbedingt ausdrücken muss (sonst verpufft sie), ist in deinen Handlungen.

Ob du Liebe fühlst oder nicht – nun ja, das hängt sehr stark von der Schwingungsmöglichkeit deines Emotionalkörpers ab. Ob du aber liebevoll handelst oder nicht, hängt von deinem bewussten Willen und deiner entsprechenden Absicht ab und unterliegt somit deiner Verantwortung.

Wenn du keine Selbstliebe fühlst, dann kannst du immer noch handeln, ALS WÜRDEST du dich lieben. Du brauchst nicht in tiefer Liebe zu dir selbst entflammt zu sein, um gut und achtsam mit dir umzugehen. Wie würdest du handeln, wenn du dich selbst lieben würdest? Was wäre anders?

Und nun gehe hin und MACHE es anders! Egal was du fühlst – handle, als würdest du dich selbst lieben. Das ist wirklich ein Zaubermittel, denn das Gefühl kann gar nicht anders, als nachzufolgen.

Verstehst du, in negativer Hinsicht bist du sicherlich ein Meister darin, das Gefühl nachfolgen zu lassen. Du brauchst dich nur lange genug auf eine selbstschädigende Weise zu verhalten – fünf bis zehn Minuten genügen völlig –, und schon fühlst du dich ungeliebt, weniger wert, im Stich gelassen. Das stimmt ja auch.

Drehen wir es doch herum, handle, als würdest du dich selbst lieben! Nach ein paar Minuten fühlst du dich geliebt, natürlich, denn du wirst ja liebevoll behandelt. Liebe ist Energie, und die Energie, mit der du die Dinge erledigst, ist ausschlaggebend für dein Gefühl.

Schwierig wird es, wenn du in einer Art Gefühlsschleife hängst – zum Beispiel in dieser:

Du bist selbst dein schärfster Kritiker? Du bist schneller als jeder andere bereit, dich zu verurteilen und für nicht gut genug zu halten? Verzweifelst du manchmal an deiner eigenen gefühlten Unzulänglichkeit? Woher das kommt, können wir uns leicht vorstellen, wir haben die kritischen Stimmen unserer Eltern, unserer Lehrer und all derer, die uns je bewertet und verurteilt haben, internalisiert. Das lässt sich nicht vermeiden, aber es lässt sich verändern. Diese allzu kritische innere Stimme dient dazu, uns vor Scham und Verletzungen zu bewahren, auch wenn sich das absurd anhören mag. Wenn die innere Stimme dafür sorgt, dass wir alles hundertfünfzigprozentig zu erledigen versuchen und uns weitaus mehr anstrengen, als gut für uns ist, dann sind wir vor äußerer Kritik geschützt. Meinen wir. Natürlich stimmt das nicht. Abgesehen davon, dass unsere Fähigkeit, Dinge zu tun, nicht gerade verbessert wird, wenn wir immer Angst haben, nicht gut genug zu sein, können wir nicht verhindern, dass uns andere kritisieren und bewerten. Die beste Grundlage für unser Handeln ist Liebe, die Liebe zu dem, was wir gerade tun. Wenn wir voller Liebe sind und unser Bestes geben, einfach, weil all unsere Liebe und Fürsorge in unser Projekt einfließen, dann wird dieses Projekt so gut, wie es uns nur möglich ist, und trägt den Glanz und die Energie unserer Seele in sich. Mehr haben wir nicht, mehr können wir nicht geben. Wenn das immer noch nicht genug ist, dann müssen wir damit leben – und uns gegebenenfalls von den Menschen distanzieren, die ihre eigene Unzufriedenheit auf uns projizieren. Natürlich ist das nicht immer einfach, und es schreibt sich leicht, aber es stimmt dennoch.

Und hier noch einmal: Schaue dir bitte das Verhältnis deines Hohen Selbst zu dir, dem Menschen, an. Denn kann es nicht sein, dass sogar die Beziehung zu deine Eltern nur ein Spiegel ist für die Beziehung zwischen dir und deinen eigenen höheren Anteilen? Lerne, auf einer höheren Ebene Mitgefühl mit deinem menschlichen Aspekt zu haben, dann verändern sich deine Beziehungen ganz von allein, und du brauchst dich selbst nicht mehr so hart zu beurteilen.

Der wichtigste Schritt ist es also, sich mit sich selbst zu versöhnen, mit dem menschlichen Wesen, das du bist.

Warum? Weil sich unsere Vorstellungen von dem, was wir sein oder leisten können sollten, wie wir aussehen und fühlen sollten, oft herzlich wenig mit dem zu tun hat, was sich Realität nennt. Wir sind Menschen. Nicht nur, aber auch. Wir sind multidimensionale Wesen, die die Erfahrung »Menschsein« machen, ja. Aber diese Erfahrung ist äußerst intensiv, weil wir diesen Emotionalkörper, diese physische Präsenz und unsere Fähigkeit zu denken erhalten haben, als wir zur Erde kamen. Wir haben also sehr machtvolle Sinneswerkzeuge, mit denen wir viel Energie wahrnehmen, Energie der Liebe, aber auch Energie der Angst, des Schmerzes, eben jede Schwingung, die das Leben zu bieten hat. Da vergisst man schon manchmal, dass das Leben auf der Erde nur einen winzig kleinen Bruchteil unserer Wahrheit und unseres Seins ausmacht.

Ist es nicht verrückt? Spirituelle Lehrer erzählen uns (zu Recht), dass alles Illusion ist, dass wir lernen sollen, uns nicht so sehr in die Materie zu verstricken und zu verhaften. Gleichzeitig aber wollen wir den Himmel auf die Erde bringen, und das geht nur, wenn wir wirklich mit allen Sinnen anwesend sind, wenn wir das Leben wirklich fühlen und begreifen, wenn wir uns mit jeder Faser unseres Sein öffnen und hingeben. Wie also sollen wir innerlich frei und »unverhaftet«, gleichzeitig aber vollkommen präsent sein – was eben auch bedeutet, zu fühlen, egal wie schmerzlich es ist?

Wie sollen wir etwas, was sich manchmal sehr, sehr ernst anfühlt, nicht ernst nehmen, wie sollen wir damit umgehen, dass es den Tod gibt, Verlust, Schmerz und Armut, auch wenn das auf einer höheren Ebene nur Illusion ist? Unser Körper hat ein eigenes Bewusstsein, das heißt, wenn wir uns auf die körperliche Erfahrung einlassen, dann sind wir eben nicht nur der Engel oder das geistige Wesen, sondern wir haben eine sehr deutliche neue Schwingung inklusive eines neuen Bewusstseins hinzubekommen. Wie können wir also voll und ganz auf Erden präsent sein und dennoch die Gelassenheit und den inneren Frieden eines Engels oder eines Aufgestiegenen Meisters in uns tragen? Nun, ganz einfach: Gar nicht, zumindest nicht ununterbrochen. Genau das ist ja die Herausforderung, die wir auf der Erde zu meistern haben. Wir dürfen uns daran erinnern, dass wir beides sind. Wir sind Meister, Engel, Elfen, geistige Wesenheiten wie Drachen oder Einhörner, Außerirdische oder einfach Spirits, ein Teil von Gott – was immer für dich passt. Wir sind das Licht, wir sind hoch schwingende, freie geistige Wesen voller Freude und Liebe. Und wir sind Menschen, die sterben, Schmerzen erleiden, die Welt nicht verstehen, immer wieder an dem, was uns das Leben präsentiert, verzweifeln und dennoch immer wieder aufstehen. Das ist das Leben. Die hochtrabenden Ideen darüber, wie wir uns zu verhalten haben, wie wir fühlen sollten, wenn wir nur »gut genug« wären, hindern uns nur daran, in unserer Kraft zu stehen.

DAS ist die wahre Illusion: jene Konstrukte, der spirituelle Hollywoodfilm, den wir kollektiv und auch persönlich gedreht haben. Vielleicht haben wir vieles sogar auf seelischer Ebene für möglich gehalten und die physische Präsenz völlig unterschätzt. Es gibt kein Drehbuch darüber, wie du sein sollst. Es gibt aber einen Seelenplan und eine Bestimmung. Bedeutet das, wir haben keinen freien Willen? Doch, natürlich. Aber letztlich wollen wir sowieso nur das, was unser Seelenplan vorsieht. Unser Seelenplan und unsere Bestimmung enthalten keine Berufsbezeichnung und keinen festgeschriebenen Ausdruck, sie sind eine Energieform, eine Blaupause dessen, was sich auf Erden als unser Leben präsentiert. Das, was du am liebsten tust, das, was dir am Herzen liegt, das, was du, egal womit du gerade

beschäftigt bist, sowieso verwirklichst, so nebenbei, das ist dein Seelenplan. Es ist die Energie, in der du schwingst, ob du sie kennst oder nicht. Hört sich das abstrakt an? Nun, es ist sehr konkret und ganz natürlich. Was liegt dir wirklich am Herzen? Was tust du sowieso, egal wo du gehst und stehst? Bist du sehr oft damit beschäftigt, anderen Trost zu spenden, selbst wenn du nur einkaufen gehst? Oder Dinge in Ordnung zu bringen? Wissen zu vermitteln? Brücken zu schlagen zwischen denen, die Hilfe brauchen und denen, die diese Hilfe zur Verfügung stellen können? Andere an deren eigene Kraft zu erinnern? Sich für die Schwächeren einzusetzen? Andere zu lehren oder ihnen hilfreich zur Seite zu stehen? Auf Missstände aufmerksam zu machen? Ungerechtigkeiten zu beseitigen? Andere zu ermutigen, die eigene Kraft und die Kraft der Geistigen Welt in Anspruch zu nehmen? Die Natur zu reinigen und zu ehren? Tiere zu hüten oder zu retten? Kindern Mut zu machen? Das Leben scheint dich also, auch wenn dir das nicht gefällt, immer wieder vor die gleichen Herausforderungen zu stellen?
Nun, dann liegt folgende Annahme nahe: Diese Herausforderungen anzugehen und dabei Bewusstsein über dieses bestimmte Thema zu erlangen ist dein Seelenplan! Du kannst gar nicht anders, als ihn zu verwirklichen, es ist die Musik, die dein Herz singt und spielt, du kannst es nicht verhindern. Wenn andere sagen »Typisch, sie (oder er) muss mal wieder für andere da sein« – dann ist das nicht vielleicht einfach deine Aufgabe? Es geht in der Regel nicht darum, diese Aufgabe auch zu meistern, sondern

darum, alles, was mit diesem Thema zusammenhängt, zu erkennen (nicht unbedingt zu verstehen), vor allem aber zu fühlen. Denn als Menschen sind wir in erster Linie im Gegensatz zur Seele fühlende Wesen. Natürlich rutschen wir ab und zu zum Beispiel in das Rettersyndrom, und wir dürfen lernen, dass wir selbst auch zu denjenigen gehören, für die wir da sein dürfen. Seelenpläne können sehr merkwürdig aussehen, es kann zum Beispiel sein, dass du eher zum Beobachten als zum Eingreifen auf der Erde bist. Dann fühlst du dich oft seltsam unbeteiligt, spürst aber, es ist deine Aufgabe, die Dinge wie ein Reporter zu beobachten, ohne einzugreifen – wie ein Sternengesandter, der sich anschaut, was auf Erden geschieht und es an seinen Heimatplaneten funkt. Warum sollte das nicht zu deinem Seelenplan gehören? Weil es sich merkwürdig anhört? Dann schaue dir mal Tiefseefische an, von denen würdest du vermutlich auch nicht glauben, dass sie existieren, zumindest nicht, dass sie zu den irdischen Lebensformen gehören. Es muss nicht stimmen, aber es kann sinnvoll sein, es zumindest für möglich zu halten. Alles, was möglich sein könnte, kann auch existieren. Das Leben ist unendlich vielfältig, im physischen und erst recht im geistigen und spirituellen Ausdruck.

Die Energie, die aus deinem Herzen in alles einfließt, was du berührst, ist die Energie, die durch dich auf die Erde kommen will. DAS ist dein Seelenplan. Du kannst ihn nicht ändern, und in Wahrheit willst du das auch nicht. Wir wollen immer nur die Auswirkungen unserer Lektionen ändern, und damit haben wir recht, denn wir sind auf dem Weg zu einer höheren Bewusstseinsstufe.

Es wird Zeit, eine höhere Energieform zu verwirklichen, mehr Liebe in unser Leben einfließen zu lassen, und weniger aus Angst, dafür mehr aus Liebe und Vertrauen zu handeln. Und auch das gehört zu unserem Seelenplan, es ist unser innigster Wunsch.

Unser Seelenplan spiegelt sich immer in unseren innigsten Wünschen, deshalb ist die ganze Diskussion über freier Wille kontra Seelenplan hinfällig.

Es IST unser tiefster Wille, unseren Seelenplan zu verwirklichen, weil das unsere Melodie ist, unser innigster Wunsch, das, was uns im Herzen und im Kern ausmacht. Der Seelenplan ist weder von außen an uns herangetragen worden noch erfüllen wir ihn mehr oder weniger bereitwillig. Es ist unser Herz, unsere Seele, das, wozu wir erschaffen worden sind, und deshalb auch genau das, was wir wirklich können, worin wir unsere Erfüllung finden, was uns zutiefst befriedigt. Noch einmal: Unsere Bestimmung hat keine Berufsbezeichnung! Sie kann sich in einem Beruf ausdrücken, aber sie IST kein Beruf. Meine Bestimmung ist zum Beispiel nicht das Schreiben. Meine Bestimmung ist es, spirituelle Räume und geistige Gesetze zu erforschen und zugänglich zu machen, Türen zu öffnen und anderen zu zeigen, wie sie in Kontakt mit ihrer eigenen Kraft und ihrer Seele kommen können. Das Schreiben und all die Kurse sind ein gutes Mittel, um das zu tun, aber letztlich sind sie nur Werkzeug, ich erfülle meine Bestimmung immer, egal welchen Beruf ich habe. Ich habe auch schon vollkommen andere Dinge getan (zum Beispiel bestimmte Übertragungseigenschaften von neu verlegten Datenkabeln in großen Banken gemessen und ausgewertet) und dabei immer und überall Menschen an ihre Kraft erinnert oder es zumindest versucht, ich kann nicht anders. Es ist mein innigstes Bestreben. DAS ist der Seelenplan. Es ist das, was uns in der Tiefe nährt und ausmacht.

Die wirkenden Energien deines Lebens erkennst du ganz leicht an deinem Geburtshoroskop; dort zeigen sich die Bewusstseins-Aufgaben, die du dir gestellt hast. WIE, also auf welcher Ebene du die Erfahrungen machst und wie du dich dabei fühlst, wie du sie meisterst und ob du im Frieden damit bist oder mit deiner Seelenaufgabe haderst, ist Sache des Willens. Aber DASS du sie meisterst, steht nicht infrage. Du kannst nicht anders, es ist deine grundlegende Schwingung.

Versöhnen wir uns also endlich mit dem menschlichen Selbst, das all diese Energien in die Tat umsetzen muss, das alles fühlt, was es nur zu fühlen gibt, das sterben wird, zwischen Angst und Liebe unterscheiden lernen muss und wegen all dieser Energien immer wieder vergisst, dass es ein Teil von dir ist, dem geistigen Wesen, das du bist. Zum Glück weiß das geistige Wesen das selbst.

Jetzt darf es voller Liebe und Mitgefühl für das menschliche Wesen, das du bist, da sein und ihm liebevolle Umstände erschaffen – denn die Zeit der schwierigen Erfahrungen darf auch endlich vorbei sein, oder?
Wir Menschen sind erwacht, wir fühlen uns nicht mehr als Spielball Gottes, wie das früher der Fall war, sondern wir wissen, wie wertvoll und wesentlich es für unsere Seele ist, dass wir uns als Menschen physisch ausdrücken. Wenn wir keinen menschlichen Körper hätten, könnten wir auf seelischer Ebene nichts erfahren und lernen. Deshalb dürfen wir uns selbst, unserem Hohen Selbst und unserer Seele, nun auf Augenhöhe begegnen, und damit dürfen die Verletzungen, die wir uns selbst zugefügt haben, endlich heilen. Denn nur darum ging es. Wir vereinen das menschliche Bewusstsein und das geistige Bewusstsein – und beide wachsen daran. Der Mensch lernt, dass er Licht ist, und das geistige Wesen lernt, was Mitgefühl ist – das geistige Wesen nimmt sich nicht mehr nur als geistige Kraft wahr, sondern erfährt sich als verletzlich, fühlend, ängstlich, voller Freude – die Erfahrungen vereinen sich, die verschiedenen Bewusstseinsanteile kommen zusammen. Verstehst du? Es geht nicht darum, dass wir als Menschen etwas dazulernen müssen – und alles ist gut. Der Mensch weiß sehr viel, was das geistige Wesen, das wir sind, eben nicht weiß – zum Beispiel, wie es ist, zu fühlen, zu denken, körperlich zu sein.

Mensch und Geistwesen sind sich ebenbürtig und wollen voneinander lernen, ihre Erfahrungen vereinen und etwas Neues daraus erschaffen – und all das geschieht in dir, all das bist du selbst. Du bist das Geistwesen, aber zugleich auch der Mensch. Wenn sich diese verschiedenen Aspekte vereinen, dann bist du ein fühlendes, liebendes, wissendes, lichtvolles und menschliches geistiges Wesen, und dann kannst du den Himmel auf Erden erschaffen und Luzifer gleich noch miterlösen.

Die Trennung in unserem Inneren, und zwar die Trennung von Bewusstseins und Seele – und somit die Abspaltung von uns selbst – darf heilen, aber auch die Trennung unserer Seele von unserem menschlichen Ausdruck.

Übung

Das menschliche Selbst aufstellen

Nimm zwei Zettel und schreibe auf den einen deinen irdischen Namen oder »Menschliches Selbst«, auf den anderen den Namen des geistigen Wesens, das du bist (falls du ihn kennst oder überhaupt einen hast) – oder einfach »Seele«. Nun lege diese beiden Zettel voreinander auf den Boden, und stelle dich auf einen der beiden (egal auf welchen).

Und jetzt wird es spannend, denn nun lass bitte jede Vorstellung und jede Kontrolle los und nimm einfach nur wahr. (Wenn es eine Kunst bei dieser Art von Arbeit gibt, dann ist es diese.)

Bitte erlaube dir nun zu spüren, wie sich dein Körper anzufühlen beginnt. Was macht deine Atmung? Verändert sie sich? Kannst du ruhig und gleichmäßig atmen, spürst du Aufregung, Müdigkeit, vielleicht gar Schmerz? Wie sind deine Gefühle? Wohin fällt dein Blick? Nimmst du den anderen Platz wahr, oder fällt dein Blick an ihm vorbei auf einen fernen Punkt? Wie fühlt es sich an, dass da der andere Zettel liegt? Gibt es einen Impuls, möchtest du näher an den anderen Platz heranrücken oder dich lieber von ihm entfernen? Möchtest du dich umdrehen oder die Augen schließen, dich vielleicht gar hinkauern oder auf den Boden legen? Fühlst du dich schwach, alt, aufgeregt, müde? Wenn du ein bisschen übst, dann wirst du rasch bemerken, dass jeder Platz seine eigenen Gesetze hat. Bitte interpretiere noch nichts, sondern nimm einfach nur wahr, was dieser Platz von dir will. Ich weiß, wie das beim Lesen klingt, bitte probiere es »live und in Farbe« aus, sonst kannst du das kaum erfassen.

Interpretiere nicht, was du spürst, außer, du bist bereits geübt im Aufstellen oder »weißt« es einfach innerlich. Verlasse nun den Platz, und stelle dich auf den anderen – wie fühlt sich dieser Platz an? Genauso? Und wenn du nur wahrnimmst, dass du dich ein kleines bisschen anders fühlst als auf dem ersten Platz, weißt du, was ich meine. Natürlich braucht es sehr viel Erfahrung und Übung, um zu verstehen,

wie diese Plätze und das System, das sie bilden, zusammenhängen.
Nun kannst du die Beziehung zwischen Seele und Mensch klären. Wenn du auf dem Platz der Seele stehst, dann probiere bitte Folgendes aus:

Verneige dich vor dem menschlichen Selbst und sage ihm: »Ich achte und ehre dein Schicksal, ich sehe deinen Schmerz und ich verneige mich vor dem, was du für mich trägst. Ich danke dir, dass du bereit bist, all die Erfahrungen, die ich machen will, zu erleben, und ich sehe, was ich dir zumute. Ich segne dich, und ich liebe dich.«

Stelle dich dann wieder auf den Platz des menschlichen Selbst und erlebe, wie sich das Gefühl verändert! Es kann sein, dass du spürst, dass das menschliche Selbst so müde ist, dass es am liebsten gehen würde. Keine Sorge. Es ist ja nur dieser eine Aspekt, es gibt sehr viele Energien in dir, die gerne hier sind und auch hier bleiben wollen. Aber die allzu müden Anteile dürfen heimkehren ins Licht. So zünde eine Kerze an, nutze eine Engelsfigur oder was immer sich richtig anfühlt (ein Symbol, das Bild eines Krafttieres, einen Kristall) und stelle diese an einen bestimmten Platz als Symbol für das Licht und die geistige Heimat. Kehre zurück auf den Platz des menschlichen Selbst und spüre, ob das menschliche Selbst zum Licht hingezogen wird. Vielleicht will es sich auch zur Seele stellen oder auf den Boden legen und schlafen – tue, was immer sich auf diesem Platz richtig anfühlt.

Natürlich weiß ich, welche Herausforderung diese Übung darstellt. Ich biete sie dir an, nutze sie bitte, wenn du dir das zutraust. Bist du ein wenig mit Aufstellungen geübt, dann kannst du das. Ansonsten tue bitte das, was Menschen, die sich selbst lieben eben tun: Bitte um Hilfe.

Übung

Das Ja zu dem, was ist

Kennst du folgende Situation? Du bist angespannt, redest nicht gerade freundlich mit dir selbst, beschimpfst dich ärgerlich oder resigniert mit dem Satz »Ich bin so blöd«.

Nein, das bist du nicht. Unkonzentriert, überfordert, unter Zeitdruck, verletzt oder einsam, das vielleicht. Aber nicht blöd.
Bitte setze dich auf der Stelle hin und atme. Sonst nichts. Atme – und spüre dich selbst. Erlaube der Anspannung, sich zu zeigen, und gib ihr Raum. Du brauchst nicht zu verstehen, warum du angespannt

bist, schenke der Anspannung einfach Zeit und Aufmerksamkeit. Und nun vervollständige bitte folgenden Satz:

»Wenn ich Ja sage zu meiner Anspannung, ...«

Was geschieht jetzt? Wo spürst du die Anspannung in deinem Körper? Lege deine Hände auf diese Stelle und schenke ihr durch deinen Atem Aufmerksamkeit. Erinnere dich, dass die Anspannung nur ein Signal ist, dass sie dir etwas zeigen will, ein Ungleichgewicht. Vielleicht stecken Angst, Trauer, Schmerz oder Wut dahinter. Vielleicht auch gar nichts und du bist nur ein wenig aus deinem Gleichgewicht geraten.

Wenn ich Ja sage zu meiner Anspannung, dann werde ich ... traurig? Wütend? Dann spüre ich, dass ich überfordert bin? Dann beginnt meine Kraft wieder zu fließen? Dann spüre ich, es wird Zeit, Nein zu ______________ zu sagen?

»Wenn ich Ja sage zu meiner Anspannung, ...«

Bleibe noch ein wenig bei dir, sprich diesen Satz immer wieder vor dich hin und staune, was sich dadurch alles zeigt!

Warum wollen wir nicht Ja sagen? Weil wir nicht wissen, wie wir unser Problem lösen können. Immer dann, wenn wir nicht weiterwissen, verbannen wir das uns berührende Thema in die hinterste Bewusstseinsschublade, anstatt das zu tun, was wir anderen so oft raten:

Bitte um Hilfe. »Wenn ich Ja sage zu meiner Anspannung, dann spüre ich, ich brauche Hilfe …« Wie wäre das? Und dann bitte um Hilfe.

Also traue dich, sage Ja zu deiner Anspannung und gib ihr eine Stimme, jetzt gleich.

Danke für deinen Mut.

Frage:
»Warum sollte ich Ja sagen zu meiner Anspannung oder allem anderen, was mich stört? Sollte ich es nicht eher loslassen?«

Loslassen können wir nur, was wir bewusst angeschaut und anerkannt haben, sonst kehrt es wie ein Bumerang zu uns zurück. Das weißt du. Wenn wir uns mit den Warnsignalen beschäftigen und ihnen eine Stimme verleihen, dann führen sie uns zurück zu ihren Wurzeln. HIER können wir eingreifen. Es geht nicht darum, in den Schwierigkeiten herumzuwühlen. Aber es geht auch nicht darum, sie in spirituelle Zuckerwatte zu packen. Wenn wir uns selbst wirklich lieben wollen, dann nehmen wir uns Zeit für uns und hören uns zu, gerade den Anteilen, die wir loslassen wollen – meistens ist mit Loslassen eher Loswerden gemeint. So funktioniert das Loslassen aber nicht.

Wenn wir Ja zu dem sagen, was uns stört, nervt oder behindert, sagen wir damit nicht Ja zu der Störung, sondern Ja zu den GEFÜHLEN, die wir haben. Durch unser Ja bekommen die Gefühle Raum, und dann erkennen wir, worum es in Wahrheit geht. Das Ja ist der Lichtstrahl, die Sonne, die Liebe, durch die die Anspannung schmilzt und sich auflöst. Ja zu dem zu sagen, was wir fühlen, ist immer eine gute Idee, und wenn du nicht weiterweißt, dann probiere es einfach aus.

»Wenn ich Ja sage zu meinem Geldmangel, zu meiner Angst, zu meiner Einsamkeit, …«

Nein, du erlaubst damit nicht, dass sich diese Angst oder der Mangel verstärken. Noch mal: Du sagst Ja zu den Gefühlen, die du hast, nicht zu dem Zustand selbst. Dadurch kommen sie ans Licht und wandeln sich in Zuversicht, Stärke und Licht. Bitte probiere es aus, es liest sich weniger wirkungsvoll, als es ist.
»Ich will mich nicht mit meiner Anspannung beschäftigen, ich will, dass es endlich mal leichter wird!«

Hier antwortet die Geistige Welt:

Ja, das wollen wir alle, natürlich, aber so ist es nun mal nicht, geliebtes Wesen … Im Innersten bist du Liebe, und in jeder schwierigen Situation deines Lebens fehlt nur eine einzige Energie – du. Deine Liebe, deine Schöpferkraft, dein Wesen, dein Herz und deine Zustimmung. Du brauchst nicht zuzustimmen, dass du unglücklich bist, im Mangel, einsam oder verletzt. Aber bitte, gehe diesen Schritt zu dir selbst hin, nimm dich selbst in den Arm, und sage Ja zu dir. SEGNE DICH.

Wir wissen, du willst nicht fühlen, weil es zu schmerzhaft ist. Leider ist es aber der einzige Weg, denn das Licht der Liebe und das Licht der Erlösung fließen durch deinen Emotionalkörper und durch deine Chakren in dich hinein. Das Ja öffnet deine Chakren. Wir können nicht wirken, auch die unermessliche Schöpferkraft deiner eigenen Seele kann nicht wirken, wenn wir dein menschliches Ja nicht bekommen. Das hat weniger mit dem freien Willen als eher mit deinem Energiesystem zu tun. Wenn du Nein sagst, ist der Kanal verschlossen. Das Ja zu dir und zu dem, was du fühlst, zu deiner Verzweiflung und zu deinen Schmerzen, öffnet die Stellen in dir, durch die unsere Liebe, unsere Kraft und vor allem die Lösung und die Wandlung einfließen können. Du bietest uns durch das Ja Raum an, in dem wir wirken können. Probiere es bitte aus: Schließe die Augen, und denke »Nein.« Was geschieht nun mit deiner Atmung? Wie reagiert dein Körper? Wird er enger oder weiter, schwerer oder leichter?

Und nun denke »Ja.« – Spürst du den Unterschied? Das JA öffnet dich für unser Licht, deshalb bitten wir dich darum. Es ist dein Geschenk an dich selbst und unsere Eintrittskarte in dein System, nun können wir Licht, Liebe, Freude und Lösungen einfließen lassen. Nun kann die göttliche Ordnung wieder wirksam werden.

Frage:
»Und wen, liebe Frau Hühn, soll ich Ihrer Meinung nach um Hilfe bitten?!? Ist ja eh keiner da.«

Zunächst einmal die Geistige Welt und die Wesenheit, die dir immer zur Verfügung steht – deinen Schutzengel. Wenn du nicht an Schutzengel glaubst, dann tue bitte so, als ob und verlasse dich darauf, dass deine Bitte genau da ankommt, wo ihr entsprochen werden kann. Bitte deine Selbstheilungskräfte, genau hier zu wirken, bitte die kosmische Ordnung oder das Leben selbst. Es gibt diese ordnende Kraft, die sich durch das Leben auf der Erde immer deutlicher zeigt, je weiter die Wissenschaft zum Kern vordringt. Je weiter die Wissenschaftler forschen, desto ehrfürchtiger werden sie, denn umso erstaunlicher und faszinierender zeigt sich die Ordnung und die sich immer wieder selbst neu strukturierende Natur allen Lebens. Diese ordnende Kraft ist nicht außerhalb, sie wirkt auch in dir und durch dich. Du selbst bist ein Teil dieser Ordnung, eine ausführende Kraft, und bekommst deine Anweisungen durch dein Herz. Du selbst bist ein Teil der Ordnung – je bereitwilliger du das tust, was die Ordnung von dir will, je bereitwilliger du deinem Herzen folgst, umso deutlicher spürst du deinen Platz und umso einfacher kommt dein Leben in Fluss. Bitte die Ordnung, zu wirken oder dein Bewusstsein so zu erweitern, deinen Geist so sehr zu öffnen, dass du die bereits wirkende Ordnung erkennst. Und dann gibt es einen unschlagbaren Trick:

Nimm die Hilfe, die dir zuteilwird, auch an – und nörgle nicht daran herum!

Übung

Die Last der Verantwortung abgeben

Schließe die Augen, nachdem du diese Übung gelesen hast, und erlaube deinem inneren Antreiber, sich zu zeigen, dir ein Gefühl zu vermitteln oder dich in seine Gedanken einzuweihen. Wahrscheinlich spürst du die vertraute Anspannung, das Getriebensein.

Frage ihn, auch wenn du ihn vielleicht nicht als inneres Bild wahrnehmen kannst, an welcher Verantwortung er so schwer trägt. Auch der innere Antreiber ist in Wahrheit eine gute Kraft. Irgendwann hat er sich eine Verantwortung aufgebürdet, die zu schwer ist, die er kaum tragen kann, weil er dafür gar nicht zuständig ist. Wir sind nur für das verantwortlich, worauf wir auch einen Einfluss haben – und wir haben auf sehr vieles einen Einfluss, nämlich auf alles, was wir berühren, womit wir in körperliche, geistige, spirituelle, mentale und emotionale Wechselwirkung treten können, aber wir haben keinen Einfluss darauf, wie sich ein anderer fühlt. Wir sind verantwortlich für unsere eigene innere Haltung, dafür, in welcher Energie wir Dinge tun und berühren, sagen und weitergeben. Wir haben jedoch keine Kontrolle über die Gefühle anderer Menschen. Wir haben die Verantwortung für das Lied, das wir singen, aber nicht für das, welches der andere hört. Wir können unser Bestes geben, aber was beim anderen ankommt, darüber haben wir keine Kontrolle, denn jeder hat seine eigene Wahrnehmung der Dinge – und ein Recht auf diese eigene Wahrnehmung!

Welche Verantwortung also hat sich der innere Antreiber aufgeladen, für wen trägt er die Last, unter der er fast zerbricht? Nur deshalb ist er so böse, so unwirsch, so hart. Er ist einfach voller Angst und Panik, völlig überfordert. Vielleicht schleppt er auch alten Groll mit sich herum – und vielleicht ist es nicht einmal dein eigener innerer Antreiber, vielleicht ist er ein Erbe deiner Mutter oder deines Vaters.

Du hast keinen Antreiber, du fühlst dich immer irgendwie gelähmt? Das passiert häufig, wenn wir als Kinder entmutigt worden sind, wenn wir nur selten gelobt wurden oder zu viel tun mussten, was uns keinen Spaß machte und uns sehr überforderte. Wenn wir uns wie gelähmt fühlen, ist es vielleicht hilfreich, die oben stehende Übung mit diesem gelähmten Anteil durchzuführen. Wenn du den gelähmten Aspekt nicht erreichen kannst, wenn es sich dort, wo er sein sollte, leer und kalt anfühlt, dann fehlt an dieser Stelle womöglich ein Seelenaspekt.

Besonders hilfreich ist dann oftmals eine getrommelte schamanische Reise, die ich dir hier natürlich nicht anbieten kann. Suche dir Hilfe, wenn du das Gefühl hast, hier mit einer inneren geführten Reise nicht weiterzukommen.

Frage:
»Was sind verlorene Seelenanteile überhaupt? Wie kann ich einen Anteil verlieren?«

Immer wenn wir einen Schock erfahren, ein emotionales, physisches oder spirituelles Trauma erleiden, kann es passieren, dass jene seelischen Energien, die mit diesem Ereignis in Resonanz geraten sind, die es also tragen, ins Dunkle abrutschen. Das heißt, sie verlieren ihr Bewusstsein, werden abgespalten vom bewussten Sein und fallen energetisch ein paar Stufen tiefer, schwingen also langsamer, verlieren ihr Licht – und sind damit für das Bewusstsein nicht mehr so leicht zu erreichen. Natürlich sind sie nicht wirklich verloren, für das Bewusstsein sind sie jedoch nicht mehr zugänglich, und das ist auch gut so: Wir müssen irgendwie weitermachen, dieses Trauma aber würde uns in einen Schock fallen lassen und in die Handlungsunfähigkeit verbannen. Also wirken die seelischen Selbstheilungskräfte, sie eliminieren das, was schadet, spalten es ab und senden es in die »Unterwelt«, das heißt in die dem Bewusstsein nicht zugänglichen unbewussten Bereiche deines Seins.

Das ist für eine lange Zeit sehr sinnvoll. Doch irgendwann fehlt dir dieser Aspekt deines Bewusstseins, denn er enthält ja nicht nur den Schock, sondern bindet auch eine ganze Menge Lebensenergie, ganz besonders viel Liebe und Bereitschaft, sich dem Leben hinzugeben. Dieser Aspekt ist meistens der, welcher am meisten fühlt, am liebevollsten und empfindsamsten ist, deshalb hat er den Schock ja so intensiv empfunden.

Wenn wir den Aspekt aus der Verbannung holen, dann kann es sein, dass wir den Schock und den Schmerz noch einmal fühlen. Aber im Gegensatz zu früher haben wir jetzt Werkzeuge, die uns helfen können damit umzugehen, zum Beispiel das Werkzeug, uns Hilfe zu suchen! Wir sind erwachsen, das heißt, wir haben Handlungsspielraum und können dafür sorgen, dass jemand bei uns ist, der uns auffängt – entweder wir selbst oder ein Mensch unseres Vertrauens, ein Therapeut, ein mit inneren Vorgängen vertrauter Freund, ein Priester, falls wir uns in einer Religion zu Hause fühlen.

Die folgende Meditation findest du auch im Buch *Meditationen zur Selbstliebe.*[*] Ich möchte sie hier dennoch anbieten, weil sie so wesentlich ist. Lies bitte die Meditation durch und hole dir, falls du es für nötig hältst, Hilfe beim Durchführen. Auch und gerade die Bitte um Hilfe ist ein wichtiger Ausdruck von Selbstliebe.

Meditation

Verlorene Seelenanteile zurückholen

Mache es dir bitte ganz bequem, schließe deine Augen und entspanne dich, so gut es eben geht. Es kann sein, dass du dich im Moment nicht besonders wohlfühlst, weil etwas in dir weiß, dass möglicherweise schmerzhafte Erfahrungen auf dich warten. So bitte um die Kraft, mit dem, was kommen will, umgehen zu können.

* Hühn, Susanne: *Meditationen zur Selbstliebe. 20 Innenreisen für mehr Selbstwertgefühl.* Darmstadt 2010.

Stelle dir nun bitte vor deinem inneren Auge ein Tor vor. Bitte dein Krafttier – ganz egal, ob es dir bekannt ist oder nicht – bei dir zu sein. Bitte die Seelenrückholer – seien es Engel, Krafttiere oder andere Wesenheiten –, zu deiner Verfügung zu stehen. Es spielt keine Rolle, ob du sie wahrnimmst oder nicht – sei sicher, sie sind da, wenn die Zeit reif ist, wieder vollständig zu werden. Dieser Prozess läuft möglicherweise an deiner bewussten Wahrnehmung vorbei, es kann also sein, dass du weder Bilder siehst noch Gefühle hast. Gehe weiter, es geschieht, was heute geschehen darf und soll. Durchschreite bitte dein Tor und verbinde dich auf diese Weise mit deinen Helfern, deinen Krafttieren und deinen Schutzengeln – all jenen Kräften, die jetzt und hier für dich da sind. Vor deinem inneren Auge nimmst du einen Weg wahr – oder du stellst dir einfach einen Weg vor. Er führt dich durch eine wundervolle Landschaft. Du entspannst dich mehr und mehr, du bist sicher und geborgen. Alles darf sein, wie es ist, alles, was dir begegnet, darf da sein. Gehe einfach weiter oder tue, was zu tun ist.

Falls du Wesenheiten begegnest, die deine Hilfe brauchen, dann frage sie, was du für sie tun kannst. Tue es und gehe weiter, lass dich aber nicht ablenken. Irgendwann kommst du an ein Tor, es ist verschlossen, und du weißt nicht weiter.

Es kann sein, dass es einen Hüter, einen Wächter gibt, aber vielleicht auch nicht. Wenn es einen Wächter gibt, dann frage ihn, ob er dich durch das Tor hindurchtreten lässt, damit du die verlorenen Anteile, die hier und heute in dein Bewusstsein zurückkehren wollen und dürfen, abholen kannst. Es kann auch sein, dass du selbst vor dem Tor warten musst, dass dein Krafttier, deine Engel oder andere Seelenhelfer hineingehen. Was immer geschieht – lass es geschehen, wie es ist. Manchmal ist es für einen inneren Prozess wichtig, ihn nicht zu beobachten, sondern ihn einfach geschehen zu lassen. Gibt es keinen Wächter, dann öffne das Tor oder bitte deine Helfer, es zu öffnen. Lässt es sich nicht öffnen, dann ist heute nicht der richtige Zeitpunkt für diese Reise, oder du solltest sie nicht alleine durchführen.

Schaue nun, was geschieht. Kannst du hindurchgehen? Gehen deine Helfer hindurch?

Wenn du hindurchgehst, befindest du dich in einer anderen Dimension. Sie schwingt niedriger und es kann sein, dass sie sich nicht besonders gut anfühlt. Das ist nun einmal so, aber es macht nichts, gehe bitte weiter. Segne alles, was du siehst. Es kann sein, dass sich hier Energien und Seelenteile aufhalten, die nicht zu dir gehören. Bitte die Schutzengel und Krafttiere all derer, die zuständig sind, sich um die Seelen zu kümmern, die sich hier befinden, mehr kannst und brauchst du auch nicht zu tun. Gehe immer weiter und bitte darum, zu deinen eigenen seelischen Aspekten geführt zu werden. Es ist ziemlich wahrscheinlich, dass du nicht besonders viel wahrnimmst, das ist völlig in Ordnung und dient dem Prozess. Es kann auch sein, dass du die Leere und die Kälte spürst, die dir so vertraut sind, denn genau hier liegt ja die Ursache dafür. Lege, wenn du willst, die Hände auf die Stelle deines Körpers, an der du die Leere, die Schwere oder den Druck ganz besonders fühlst, und gehe weiter. Irgendwann spürst du, du bist angekommen, hier befindet sich der Seelenaspekt, den du verloren hast, der sich abgespalten hat, der die Last der Verletzungen und der Schocks auf sich genommen und sich in die spirituelle Unterwelt zurückgezogen hat, damit du weiterleben konntest. Bitte deine Krafttiere und Helfer, diesen Anteil zu erlösen und ihn dir achtsam und vorsichtig zurückzubringen. Vielleicht kannst du auch selbst zu ihm hingehen, wie immer er aussieht – es darf sein, wie es ist. Es gehört zu dir, ob es dir gefällt oder nicht. Bitte um Heilung, rufe die Violette Flamme der Transformation oder Mutter Maria, rufe all die Kräfte, denen du vertraust und die du kennst.

Vertraue, dass geschieht, was geschehen darf und soll, vertraue, dass alles richtig ist, egal wie merkwürdig es dir vielleicht erscheinen mag. Sachte und achtsam strömt der Seelenaspekt zu dir zurück.

Stelle dir bitte eine Lichtsäule vor und frage diesen seelischen Anteil, ob er in deinen Körper, also in das Energiefeld der Erde, oder in eine höhere Dimension zurückkehren will. Es kann sein, dass er zurück in das Reich deiner Seele, also in lichtvollere Bereiche deines Bewusstseins, zurückkehren möchte. Es kann sein, dass er sich in Licht auflöst, vielleicht will er auch beerdigt werden und endlich in Frieden ruhen – lass es sein, wie es ist. Wohin auch immer er gehen will – du nimmst ihn nun bewusst wahr, und damit gehört er voll und ganz zu dir, egal in welcher Dimension er sich nun aufhält. Es ist ziemlich wahrscheinlich, dass er nicht in den Körper zurückkehren will, sondern in der Lichtsäule aufsteigt und sich seinen Platz im großen Reich deiner Seele sucht, dass er in seine seelische und geistige Heimat zurückkehrt. Du weißt, du bist ein multidimensionales Wesen und hast nicht nur diesen Körper. So erlaube dem seelischen Teil, dahin zu strömen, wo er so licht und so frei wie nur möglich sein kann, damit er heil wird. Das lichtvolle Aufsteigen ist bereits die Heilung. Bitte darum, dass sich die Schocks auflösen. Vielleicht bekommst du innere Bilder, körperliche Symptome oder fühlst Schmerz oder Leere – es ist, wie es ist.

Irgendwann spürst du: Der Prozess ist für heute abgeschlossen. Vielleicht gibt es noch andere Bereiche, die du heute erlösen darfst, dann gehe weiter und lass dich führen.

Vielleicht aber wird es auch Zeit, diesen energetischen Raum zu verlassen, dann durchschreite das Tor, und du befindest dich wieder in deiner Landschaft. Ruhe dich aus, gehe spazieren oder durchschreite dein Tor in diese Welt, in die Welt der Formen und der Materie – denn hier, in dieser Welt, kannst du all dem, was du bist und was durch dich zur Erde kommen will, Ausdruck verleihen. Sei gesegnet und fühle dich willkommen in der Welt der Formen – wie schön, dass du da bist. Du bist ein Stück heiler geworden, hast einen wesentlichen Teil deiner Seele befreit. Wir, die Geistige Welt, danken dir von Herzen für deine Bereitschaft zu heilen, denn wir brauchen dein Licht.

Selbstvertrauen

Vertraust du dir selbst? Oder wärest du (entschuldige bitte) schön blöd, wenn du das tun würdest?

Sich selbst zu vertrauen bedeutet, dem eigenen Selbst, den eigenen Schöpfungen, der eigenen Kraft und Entschlossenheit zu vertrauen. Wann vertraust du jemandem? Wenn er dir treu ist, dir zur Seite steht, dich nicht allzu oft enttäuscht und wenn du weißt, du kannst dich auf ihn verlassen, weil er es dir bewiesen hat? Wir vertrauen einer Freundin, einem Freund, wenn sie oder er sich auch in Krisen als vertrauenswürdig erwiesen hat.

Die Frage lautet nicht: Wie erlange ich mehr Selbstvertrauen? Die Frage ist:

Wie werde ich für mich selbst vertrauenswürdig?

Selbstvertrauen ist ein Nebenprodukt, etwas, was du nicht lernen musst, sondern etwas, was du automatisch erlangst, wenn du erkennst, dass du dir selbst tatsächlich zur Seite stehst.

Hier ist die Gretchenfrage: Tust du das? Stehst du dir selbst zur Seite? Bist du deine beste Freundin, dein bester Freund, dein bester Ratgeber? Stehst du in jeder Situation felsenfest hinter dir selbst? Oder lässt du dich fallen, gibst dich auf, lässt dich im Stich? Und wenn ja, ist es dann nicht äußerst sinnvoll, sich selbst eben nicht zu vertrauen?

Natürlich sind wir für andere da und geben ihnen alles, was wir zu geben haben. Aber eben nur das, was wir zu geben haben, nicht auch noch das, was wir selbst zum Leben brauchen.

Wie oft fühlst du dich als Opfer der Umstände und gibst schon auf, noch bevor du überhaupt zur Tat geschritten bist? Glaubst du, dass alle gegen dich sind? Dass sich die Dinge am Ende sowieso immer zum Schlechten wenden? Oder bist du in der Lage, dir selbst Mut zuzusprechen?

Wie können wir lernen, für uns selbst zu sorgen und vertrauenswürdig zu werden, wie können wir den Mut fassen, zu tun, was unser Herz gerne tun möchte, auch wenn wir Angst haben zu scheitern?

Zunächst: Kümmere dich um dein inneres Kind. In diesem Buch werde ich nicht darauf eingehen, weil ich es an anderer Stelle ausführlich beschrieben habe* und dich bestimmt nicht langweilen will. Ich wiederhole mich sowieso schon oft genug. Aber ich denke, es ist uns allen klar, dass die Heilung des inneren Kindes der wichtigste Schlüssel zur Selbstliebe und zu einem gesunden Selbstvertrauen ist.

---

* Hühn, Susanne: *Die Heilung des inneren Kindes. Sieben Schritte zur Befreiung des Selbst.* Darmstadt 2008.

Wirst du schnell eifersüchtig, hast du oft Angst, etwas nicht zu schaffen oder alles, was du aufgebaut hast, wieder zu verlieren? Traust du dir selbst nichts zu, glaubst du, dass du am Ende doch wieder als Opfer mit leeren Händen dastehst?

Dann nutze die Kraft des Segnens. Wir können nicht verhindern, dass wir verletzt werden, und wir wissen nicht, wie sich die Dinge am Ende entwickeln. Wir können aber die Kraft hinzufügen, die nötig ist, damit alles gut wird, eine der positivsten Kräfte, die das Universum zu bieten hat. Trotz aller Ängste, die wir vielleicht nicht zur Gänze auflösen können, trotz des Wissens um die Vergänglichkeit der Dinge, gibt es eine Kraft, die alles zum Guten wenden kann, wenn wir sie rufen. Wir dürfen uns vor unseren eigenen angsterfüllten Gedanken verneigen. Wir alle haben Angst, sind verletzt, vertrauen dem Leben nicht. Belassen wir es dabei. Hören wir auf, an uns selbst herumzudoktern. Es gibt eine Energie, die viel stärker ist als deine angsterfüllten Gedanken – der bewusste Segen.

»Segnen«, das klingt für viele anmaßend oder kirchlich. Wer sind wir schon, dass wir segnen dürfen, und was meint das überhaupt? »Segnen« bedeutet, einer Sache oder einer Person die Kraft göttlicher Gnade oder göttliche Kraft zu senden. Nicht nur darum zu bitten, sondern sie zu senden, das ist wichtig, denn es zeigt eine Art von Ermächtigung, von der die meisten Menschen glauben, dass sie sie nicht haben. Zu segnen bedeutet nicht nur, dass wir um Unterstützung für jemanden bitten, sondern dass wir die Kraft der göttliche Liebe in ihn einfließen lassen und uns selbst als Kanal zur Verfügung stellen.

Puh, klingt das überheblich. Und doch ist es eines der machtvollsten Werkzeuge, die wir haben, um die Energie einer Situation auf der Stelle zu verändern.

(Beim Verfluchen, dem energetischen Gegenteil von Segnen, haben die meisten übrigens nicht solche Skrupel …)

Sollten wir wirklich aus falsch verstandenem Schamgefühl, aus dem Gefühl von Minderwertigkeit heraus, auf dieses Segnen verzichten? Wenn die göttliche Kraft – aus welchen Gründen auch immer – nicht wirken will, dann passiert es sowieso nicht – und warum sollte die göttliche Kraft, die ja entweder nirgendwo oder ohnehin überall ist, nicht einfließen wollen? Fließt sie durch das Segnen wirklich ein? Nein, sie ist sowieso schon da. Aber wir verstärken sie, wir erhöhen für einen Moment das Bewusstsein all derer, die wir segnen – selbst wenn sie es gar nicht bemerken –, damit sie diese göttliche Gnade spüren. Wir öffnen durch das Segnen den Raum, halten die Hand hin, damit die Gesegneten mit unserer geistigen Hilfe in einen höheren energetischen Raum wechseln können. Wir erinnern sie an ihren göttlichen Ursprung und zeigen ihnen für einen Moment ihr Licht, stellen es ihnen zur Verfügung, geben ihnen einen neuen Impuls.

Segnen schenkt Gnade.

Gnade ist ein Zustand höherer Ordnung, Gnade bewirkt einen Quantensprung in der Energie desjenigen, der sie erhält, und ermöglicht völlig neue Wege – Wege, die ohne Gnade nicht möglich wären, weil die geltenden geistigen Gesetze dagegen sprächen. Ist das zu abstrakt?

Es ist ganz einfach. Du bist den ganzen Tag irgendwie schlecht drauf, warum auch immer, bist im Stress, dein Energieniveau ist viel zu niedrig für das, was du heute zu leisten hast. Du schwingst heute also mit einer Frequenz, in der ein Verkehrsunfall oder ein Streit fast nicht zu vermeiden ist. Eine logische Folge der geistigen Gesetze, wenn du auf diesem Energieniveau herumdümpelst, wäre also, dass du dich heute irgendwie verletzt, einfach, weil das zu dieser Schwingung gehört. Wir ziehen immer jene Ereignisse an, mit denen wir uns den energetischen Raum teilen. Ist die Schwingung niedrig, dann ziehen wir eben Unfälle, Verletzungen und Mangel an. Ist sie hoch, kommen gute Gelegenheiten und grüne Ampeln auf uns zu. Das klingt plakativ, ist es auch, aber in der Essenz stimmt es.

Schwingt ein Raum sehr niedrig, dann sinkt das Bewusstsein all derer, die sich darin aufhalten, und sie verlieren die Erinnerung an ihre Schöpferkraft. Sie hängen fest, finden nicht mehr aus ihrer Situation heraus – auch durch Reden nicht, denn der Verstand und das Bewusstsein hängen ja in der niedrig schwingenden Energieschleife fest. Du kannst dir den Mund fusselig reden, der andere nimmt die Botschaften gar nicht wahr, kann er gar nicht, denn sein Bewusstsein dümpelt im Opfersein, im Ärger oder wo auch immer. Genau hier braucht es den Segen, denn der Segen erhöht das Energieniveau dramatisch – die Tore öffnen sich, und all diejenigen, die bereit und willens sind, den Raum zu verlassen, können in ein höheres Feld wechseln. Weißt du, was ein Quantensprung ist und dass eine Energiezufuhr von außen nötig ist, damit er geschehen kann?

Wenn wir jemanden oder etwas segnen, dann senden wir ihm die Energie, die er für seinen Quantensprung braucht. Wie und ob er sie nutzt, geht uns nichts an und ist auch nicht unsere Sache. Wir stellen sie zur Verfügung. Natürlich können, dürfen und sollten wir das auch für uns selbst tun …

Übung

Sich selbst oder andere segnen

Wann immer du das Bedürfnis hast, wann immer du eine schwierige Situation erlebst oder andere in Not siehst, stelle dir einen Lichtstrahl vor, der aus dem heiligen, göttlichen Licht der Liebe auf die Erde herunterscheint. Entweder reicht dieser Lichtstrahl bis in dein eigenes Herz hinein oder er erhellt die Situation des anderen, vielleicht auch dessen Herz.

Bitte die Kraft des Segens, durch diesen Lichtstrahl in dich oder in denjenigen, für den du den Segen bereitstellen möchten, einzufließen. Wenn du kannst, dann verbinde dich mit deinem eigenen höchsten Wesen, mit dem Engel in dir, mit dem geistigen Wesen, das du in deiner Essenz bist und schicke von dieser lichtvollen, kraftvollen und energiereichen Warte aus Segen in die Angelegenheiten, in denen der Segen fehlt. Es können und dürfen auch deine eigenen Angelegenheiten sein, gerade dich selbst solltest du so oft segnen, wie es möglich ist. Bitte außerdem darum, dass dieser Segen ganz natürlich und selbstverständlich in alles fließt, was du berührst, bitte darum, dass die höchstmögliche Lichtkraft durch dich in alles einfließt, womit du in Wechselwirkung trittst.

Bitte jetzt um den Strahl des Segens und spüre, wie er sich anfühlt. Er ist anders als reines Licht, tröstlicher vielleicht, weicher. Die Bitte um Segen ist die Bitte um Hilfe, um göttlichen Beistand, und zeigt deine Bereitschaft, dein allerhöchstes Potenzial zu verwirklichen. Segne andere, so gibst du ihnen die Möglichkeit, ihr höchstes Potenzial zu verwirklichen, so, wie es ihnen möglich ist.

Entscheide dich, an das Segnen zu denken, wenn du Schwierigkeiten hast oder andere in Not siehst!

Klebe dir einen Zettel in dein Auto oder an deinen Fernseher (wenn du darauf bestehst, auch Schreckensnachrichten anzusehen) und segne, wann immer es nun nötig ist – sei es bei einem Unfall, bei einem schrecklichen Ereignis, bei einem Krieg oder einer Hungersnot – segne alle Beteiligten (und leiste natürlich jede Hilfe, die benötigt wird und in deiner Macht steht). Segne deine eigene Zukunft, segne dich selbst im Alter, segne die Lehrer deiner Kinder, dein ideales Zuhause, segne die Aufgaben, die auf dich zukommen, die geliebten Menschen – du kannst gar nicht genug segnen.

Wenn du eine Situation oder ein Wesen – sei es Mensch, Tier, Pflanze oder Stein – segnest, dann fügst du die bestmögliche Energie hinzu, die höchste Ordnung, und machst Frieden, Gesundheit, Fülle und Liebe möglich. Du lässt dich nicht von Leid beeindrucken, sondern erinnerst an Liebe.

Etwas Besseres können wir doch gar nicht tun!

Du erinnerst dich? Das Thema dieses Kapitels ist Selbstvertrauen. Wenn du dir die Technik des Segnens angewöhnst, wirst du sehr rasch lernen, dir selbst zu vertrauen, denn du tust in jeder Situation das Bestmögliche – und einem solchen Menschen vertraut man doch ganz von selbst, oder?

Frage:
»Oft hört man, Eifersucht sei ein Zeichen von zu wenig Selbstwertgefühl … Wie kann ich damit umgehen?«

Die Frage ist, ob das überhaupt stimmt. Eifersucht ist eher ein Zeichen von ausdrücklicher Verlustangst – und wer hat die nicht? Da kannst du so liebenswert bzw. selbstbewusst sein, wie du willst.

Weißt du, du kannst dich noch so liebenswert finden, und deine beste Freundin oder dein bester Freund können noch so oft sagen »Wer dich verlässt, ist selbst dran schuld, du bist eine tolle Frau/ein toller Mann, warum sollte dich jemand verlassen?« … Wir wissen, dass das so nicht stimmt, nicht wahr? Glaubst du, dass du als Kind liebenswert warst? Irgendwie schon, oder? Welches Baby, welches kleine Kind ist nicht liebenswert? Und dennoch bist du verlassen worden, auf welche Art auch immer, sonst hättest du jetzt keine Angst davor. Es genügt nicht, eine tolle Frau oder ein toller Mann zu sein. Das schützt uns nicht vor dem Verlust von Liebe. Wir werden verlassen, weil der gemeinsame Weg auf seelischer Ebene zu Ende ist, weil wir Beziehungen unter falschen Voraussetzungen eingegangen sind, weil unsere Energien nicht zueinander passen, weil wir Angst vor Nähe haben und deshalb dafür sorgen, dass »er« oder »sie« irgendwann wieder geht, weil wir den falschen Partner gewählt haben, weil wir selbst uns nicht eingestehen wollen, dass der gemeinsame Weg in Wahrheit sowieso schon zu Ende war, weil, weil, weil …

Ganz sicher wirst du nicht deshalb verlassen, weil du nicht liebenswert bist, irgendwann hat dieser Partner dich ja gewählt. Viele Menschen haben eine tiefe Angst, dass, wenn sie nur erst »erkannt« worden sind (damit meinen sie meistens »ertappt«), sie niemand mehr liebt. Suche dir bitte Hilfe, wenn du das glaubst, und verhalte dich so, dass du dich selbst für liebenswert halten kannst!

Es ist viel wichtiger, als du glaubst, dass du deinen eigenen spirituellen Ansprüchen genügst. Natürlich brauchen wir nicht perfektionistisch zu sein, das ist wieder eine schlechte Angewohnheit. Aber wenn du Angst hast, ertappt zu werden, dann sorge dafür, dass es nichts gibt, bei dem du ertappt werden kannst, und übernimm die volle Verantwortung für dein Handeln. Wir haben nur dann Angst, nicht liebenswert zu sein, wenn wir uns selbst an einer Stelle nicht leiden können oder uns unmöglich finden. Es gibt nur zwei Wege:

Entweder du änderst, was du an dir selbst nicht magst, oder du übernimmst die Verantwortung dafür und mutest es dir voller Mitgefühl mit dir selbst – und deiner Umwelt – zu.

Schenke dir selbst dein Mitgefühl an der Stelle, an der du dich nicht magst, ändere alles, was sich ändern lässt, und übernimm die Verantwortung.

Ich bin esssüchtig, und ich bin ziemlich beziehungsgestört, weil ich wirklich sehr viel Verlustangst habe. Natürlich habe ich die, ich HABE auch sehr viel verloren, wie du sicherlich auch, sonst brauchtest du dieses Buch nicht. Ich tue alles, damit sich das ändert, doch auf eine Weise sind diese Energie und dieser Schmerz einfach Teil von mir. Ich muss ihn aushalten und ich brauche Beziehungen, in denen dieser Schmerz nicht immer wieder neu aufgewühlt wird. Ich bin bestrebt, andere nicht mit diesem Schmerz zu terrorisieren, aber manchmal, wenn ich zu dicht drankomme, verliere ich das Bewusstsein. Ich brauche einen Partner, der mich versteht und der mich halten kann, wenn ich es selbst nicht mehr kann. Ich tue alles, um gesund und heil zu werden. Ich übernehme die volle Verantwortung für diesen Schmerz, aber dazu gehört auch, dass ich nur Beziehungen eingehen kann, in denen ich genügend gehalten werde. Alles andere ist für mich Gift. Ich kann mit emotionalen Unsicherheiten nicht umgehen und setze mich ihnen deshalb nicht (mehr!) willentlich aus, außer, es gehört zu meinem Weg. Dann allerdings stelle ich mich diesem Schmerz.

Verstehst du, es ist ein entscheidender Unterschied, ob du den alten Schmerz immer wieder aktivierst und dich quälst, weil du in ungesunden Situationen verharrst, oder ob er dir auf deinem Weg in die Befreiung begegnet. Dann müssen wir noch mal hinschauen und ihn zurück in das Herz Gottes geben, in die heilende Liebe der kosmischen Ordnung. Suche dir Hilfe. Nutze Aufstellungsarbeit oder was immer dir dienlich ist, schaue dir den Schmerz und die Eifersucht an, und lass ihnen Erlösung zuteilwerden –

aber glaube nicht, du müsstest damit klarkommen und ihn aushalten. Das musst du nicht.

Ich brauche zum Beispiel nicht zu lernen, meine Verlustangst in den Griff zu bekommen, denn sie ist völlig berechtigt, es kann immer wieder passieren, dass ich verlassen werde. Aber ich kann lernen, mich selbst mit dieser Verlustangst sorgsam, liebevoll und mitfühlend zu behandeln. Ich kann dafür sorgen, dass ich mich fernhalte von Beziehungen, die mir nicht guttun. Ich kann alles, was ich für andere und für das Kollektiv übernommen habe, zurückgeben, in die Heilung geben (die Violette Flamme leistet hier große Dienste), aber ich darf mich vor meinem eigenen Schmerz verneigen und darauf achten, dass ich gut mit mir selbst und besonders mit meinem inneren Kind umgehe.

Mein innerer Frieden ist mir heilig. Ich muss nicht lernen, in Salzsäure zu baden, ich muss nicht lernen, Kohlenmonoxid zu atmen, und ich muss nicht lernen, mit unklaren oder destruktiven Beziehungen umzugehen – ich darf sie meiden. Den allzu großen Schmerz allerdings, den ich für andere trage, darf ich zurückgeben in die Liebe Gottes und in das Herz der kosmischen Lichtkraft – oder in den Schoß von Mutter Erde, je nachdem, was sich gerade richtig anfühlt.

Frage:
»Wie gebe ich Schmerz zurück – und wohin?«

Nimm einen großen Stein, halte ihn in den Händen, und lass all deinen Schmerz hineinfließen. Lege den Stein dann an einen für dich stimmigen Platz, wirf ihn in einen Fluss oder vergrabe ihn. Bitte Mutter Erde, den Schmerz in Lebendigkeit und Liebe zu verwandeln, denn das war er ursprünglich. Schmerz entsteht immer dann, wenn Liebe und Leben nicht fließen können, und so bitte darum, dass die Liebe wieder frei wird und dahin strömt, wohin sie gehört.

Schreibe deinen Schmerz auf und verbrenne danach das Papier oder hänge den Brief an einen Luftballon und lass ihn aufsteigen. Sende den Schmerz als dunkle Schatten oder als Schwere in das Licht, geistig oder in einem Ritual, wie es deiner Arbeitsweise mit dir selbst entspricht.

Atme deinen Schmerz. Tanze ihn. Lege dir eine dynamische Meditation auf und schüttle dich, damit der Schmerz die Zellen verlassen kann. Lass dich selbst zum Schmerz werden – er wird sich verwandeln. Bitte dein Krafttier zu dir, wenn du dich in deinen Schmerz hineinbegibst, und schaue, was es mit ihm macht. Erlaube deinem Krafttier, so intensiv und drastisch zu agieren, wie es das möchte, lass dich selbst in Ruhe und gib den Prozessen Raum – lass die Kontrolle los, auch wenn die Kraft dich erschrecken könnte. Das macht nichts. Es ist deine Kraft und du brauchst sie. Dazu diente der Schmerz – er führt dich in deine Kraft und in deine eigene Energie. Sorge gut für dein inneres Kind und erlaube nie wieder, dass es verletzt wird – nimm es in den Arm oder schicke es spielen, in dein eigenes Herz, wenn du dich schwierigen Herausforderungen stellen musst, die Kinder nicht meistern können und auch nicht zu meistern brauchen.

Bin ich liebenswert? Manchmal ja, manchmal nein. Aber das macht nichts. Ich kann mich entschuldigen und die Verantwortung übernehmen, wenn ich mich aus Schmerz oder warum auch immer unmöglich verhalten habe, Schuld zuweisend, klammernd oder zu empfindlich war. Ich kann den anderen dennoch gehen lassen, weil ich weiß, es ist mein Schmerz, und er hat nichts mit der Gegenwart zu tun.

Wenn ich wirklich verlassen werde, wenn die Energie also tatsächlich da ist und wirkt, fühlt es sich anders an. Etwas in mir weiß es, und die Selbstheilungskräfte schalten sich ein.

Kennst du das? Wenn eine Situation tatsächlich eintritt, dann reagieren vollkommen andere Gehirnbereiche, als wenn du dich in unberechtigter Sorge und Angst quälst. Warum? Weil es keine Handlungsbedarf gibt, zumindest nicht in der gegenwärtigen Situation, wenn du nur Angst vor etwas hast. In der vergangenen, schmerzauslösenden Situation dagegen gibt es durchaus Handlungsbedarf, und da solltest du auch hinschauen. Wir sind wie gelähmt, weil es eben nichts zu tun gibt! Denn sowie eine Situation real wird, bekommst du auch Handlungsimpulse, das kennst du, oder? Du weißt, ob du tatsächlich handeln solltest oder nicht, wenn du wirklich in dich hineinspürst. Dazu gehört auch, Situationen, die dich immer wieder in Verlustangst bringen, zu verlassen, wenn du erkennst, dass du nicht damit umgehen kannst. Wir müssen uns vor unserem eigenen Schmerz verneigen und ihn anerkennen, nur dann hat er eine Chance zu heilen.

Ich kann sagen »Bitte verzeih mir«, und dann ist es wieder gut. Und natürlich kannst du das auch, sofort, wenn du die Verantwortung für dein Verhalten übernimmst. Mehr kann niemand von dir verlangen, auch du selbst nicht.

Wenn du sehr eifersüchtig bist, dann brauchst du etwas anderes als ein gutes Selbstwertgefühl, nämlich eine gute innere Mutter oder einen guten inneren Vater. Du brauchst jemanden, der sich um dich kümmert und dafür sorgt, dass dein inneres Kind nie wieder verlassen wird. Es ist dein inneres Kind, das unbedingte Versicherung braucht, liebenswert und nie wieder einsam zu sein.

Eine wichtige Frage, wenn du eifersüchtig bist, ist: Was spüre ich WIRKLICH?

Dein aufgepeitschter Emotionalkörper, der von Verlustangst gequält wird, hat vielleicht nicht recht. Er braucht Heilung und viel Trost, aber nicht im Sinne von »Du bist doch toll, er wäre doch blöd, wenn er dich verlässt«, weil das nichts nutzt. Und vielleicht stimmt es nicht mal. Vielleicht wäre es sogar besser für ihn – oder für dich!

Es gibt etwas Besseres: die innere Stimme, die innere vollkommen unverfälschte Kraft, die dir deinen Weg zeigt. Bitte um Hilfe, besuche ein Seminar, eine Therapie, einen Qigong-Kurs, irgendetwas, das dich wieder ins Gleichgewicht bringt, damit du spüren kannst, was tatsächlich passiert. Natürlich nutzt das nichts, wenn du wirklich tiefe Verlustängste hast, dann brauchst du eine Therapie, damit dein inneres Kind heilen darf. Speise dich nicht selbst ab, lass dich nicht mit deiner Eifersucht im Stich, nimm sie ernst. Du brauchst nicht noch ein tolles Kleid. Es kann helfen, natürlich, manchmal ist es auch der richtige Weg, sich selbst etwas im materiellen Sinn Gutes zu tun. Poliere dein Selbstwertgefühl und kaufe dir was Nettes. Hätschel die innere Frau, und stärke deinen inneren Mann. Aber gegen echte Eifersucht hilft das nicht, denn die Ursache liegt viel, viel tiefer, im inneren Kind.

Kümmere dich um deine Verlustangst und trage den Teil, der sich nicht erlösen lässt, mit Würde.

Du hast sie dir hart erarbeitet, und es ist für dieses Leben womöglich ein Teil deiner Energie. Du erlangst dadurch Demut vor dem Leben, Selbstverantwortung und Mitgefühl – der spirituelle Hochmut, das Bollwerk gegen die Angst vor dem irdischen Leben, schwindet. Wenn du weißt, dass alles passieren kann, du aber dennoch den Mut und die Liebe findest, um weiterzugehen, DANN bist du wahrhaftig in deiner eigenen Kraft angekommen.

Es gibt diesen wundervollen Text von Oriah Mountain Dreamer, »Die Einladung«, du kennst ihn vielleicht. Wie ist es, wenn du ihn einmal auf dich selbst beziehst? Kannst du mit dir selbst im Feuer stehen, kannst du aufstehen und tun, was du für dein inneres Kind tun musst, obwohl die Nacht grauenvoll war? Hier ist der Text, bitte wende ihn auf dich selbst und deine besonders bedürftigen Aspekte an:

> »Es interessiert mich nicht, womit du dein Geld verdienst. Ich will wissen, wonach du dich sehnst und ob du die Erfüllung deines Herzenswunsches zu träumen wagst. Es interessiert mich nicht, wie alt du bist. Ich will wissen, ob du es riskierst, dich zum Narren zu machen auf deiner Suche nach Liebe, nach deinem Traum, nach dem Abenteuer des Lebens.
>
> Es interessiert mich nicht, welche Planeten ein Quadrat zu deinem Mond bilden. Ich will wissen, ob du deinem Leid auf den Grund gegangen bist und ob dich die Ungerechtigkeiten des Lebens geöffnet haben, oder du dich klein machst und verschließt, um dich vor neuen Verletzungen zu schützen. Ich will wissen, ob du Schmerz – meinen oder deinen eigenen – ertragen kannst, ohne ihn zu verstecken, zu bemänteln oder zu lindern.

Ich will wissen, ob du Freude – meine oder deine eigene – aushalten, dich hemmungslos dem Tanz hingeben und jede Faser deines Körpers von Ekstase erbeben lassen kannst, ohne an Vorsicht und Vernunft zu appellieren oder an die Begrenztheit des Menschseins zu denken.

Es interessiert mich nicht, ob das, was du mir erzählst, wahr ist. Ich will wissen, ob du andere enttäuschen kannst, um dir selbst treu zu bleiben; ob du den Vorwurf des Verrats ertragen kannst, um deine eigene Seele nicht zu verraten; ob du treulos sein kannst, um vertrauenswürdig zu bleiben.

Ich will wissen, ob du die Schönheit des Alltäglichen erkennen kannst, selbst wenn sie nicht immer angenehm ist, und ob ihre Allgegenwärtigkeit die Quelle ist, aus der du die Kraft zum Leben schöpfst.

Ich will wissen, ob du mit Unzulänglichkeit leben kannst – meiner oder deiner eigenen – und immer noch am Seeufer stehst und der silbrigen Scheibe des Vollmonds ein uneingeschränktes »JA!« zurufst.

Es interessiert mich nicht, wo du wohnst oder wie reich du bist. Ich will wissen, ob du nach einer kummervoll durchwachten Nacht zermürbt und müde bis auf die Knochen aufstehen kannst, um das Notwendige zu tun, damit deine Kinder versorgt sind.

Es interessiert mich nicht, wen du kennst oder wie du hierher gekommen bist. Ich will wissen, ob du inmitten des Feuers bei mir ausharren wirst, ohne zurückzuweichen. Es interessiert mich nicht, wo oder was oder mit wem du studiert hast. Ich will wissen, was dich von innen heraus trägt, wenn alles andere wegbricht.

Ich will wissen, ob du mit dir selbst allein sein kannst und ob du den, der dir in solch einsamen Momenten deines Lebens Gesellschaft leistet, wirklich magst.«*

* Oriah Mountain Dreamer: *Die Einladung.* München 2000, S. 7 f.

Es ist deine Zeit

Du würdest dich ja gerne selbst lieben, kommst aber nicht dazu, weil du zu viel arbeitest, Rechnungen zu bezahlen hast und dich um deine Kinder kümmern musst? Das verstehe ich sehr gut. Deshalb hier eine kurze Übung, die dir dennoch das Gefühl gibt, dass du dir so viel Zeit nehmen kannst, wie es eben möglich ist. Du brauchst keine Vorträge darüber, dass du selbst verantwortlich bist und dir die Zeit eben nehmen musst, das weißt du. Jeder weiß das. Und könntest du es, würdest du es ja auch tun.

Wir haben nicht immer den Raum, den wir brauchen, wir haben aber Zwischenräume. Wie ein guter Tänzer auch in einem vollen Ballsaal spürt, wohin er seinen nächsten Schritt setzen kann, auch wenn er nicht perfekt den Vorschriften der Figur entsprechen mag, die er gerade tanzt, so können wir lernen zu erkennen, wo unsere Zwischenräume sind, in denen wir uns ausruhen können. Meistens spüren wir auch das – aber wir erlauben uns nicht, einmal loszulassen, aus welchen absurden Gründen auch immer. Und darüber lohnt es sich nun doch, ein wenig nachzudenken.

Warum tun wir das, warum laden wir uns so viel Arbeit und Verpflichtungen auf, dass wir offensichtlich sehr erfolgreich vor der Entspannung flüchten? Klingt das absurd? Das mag sein. Was passiert, wenn wir uns entspannen?

Wir spüren uns. Wollen wir das? Ja und nein. Natürlich wollen wir fühlen, aber nur das Angenehme, nicht das Schmerzhafte. Und warum nicht? Weil wir dann Veränderungen vornehmen müssten – und wer will das schon? Das innere Kind hat eine höllische Angst vor Veränderungen, denn es hat zu oft die Erfahrung gemacht, dass Veränderung Schmerz und Verlust bedeutet. Vielleicht traut es sich auch nicht zu, das zu tun, was nötig wäre, um die Veränderungen überhaupt in Gang zu bringen, und sabotiert mehr oder weniger subtil. Auf der anderen Seite – und das klingt widersprüchlich, ist es aber nicht – liebt das innere Kind Veränderungen und einen Neubeginn, der gesunde, unverletzte, neugierige, lebensfrohe Teil in dir liebt dies. Es gibt verschiedene Aspekte des inneren Kindes, und sie können sich durchaus gegenseitig in Schach halten und behindern. In Wahrheit ist es natürlich sowieso der innere Erwachsene, der die Dinge regeln sollte, aber das vergessen wir oft. Manchmal ist er auch gar nicht anwesend.

Wenn du also zur Ruhe kommen würdest, würdest du womöglich deine Angst oder dein Unbehagen spüren – kann das sein? Was also sollen wir tun, was kann ich dir anbieten? Kann ich dir zumuten, dich mit deinen Ängsten auseinanderzusetzen? Irgendwann steht das sowieso an, es ist ein Akt der Selbstliebe, sich mit den Dingen, die sich nicht gut anfühlen, zu beschäftigen. Das weißt du auch. Ob du das tust oder nicht, steht dir völlig frei, ich will dich in diesem Buch nicht dazu nötigen. Ich biete dir also eine kleine Übung an, die dir ganz bestimmt nicht wehtut – einen kurzen Moment der Gnade, in dem du einfach Kraft tanken kannst. Ob du dich dabei mit dir selbst beschäftigen möchtest oder nicht, geht mich nichts an, das ist nicht mein Anliegen, nicht hier.

Übung

Der Engel der Gnade

Hast du eine Minute? Dann stelle dir bitte vor, es gäbe einen ganz persönlich für dich wirkenden Engel der Gnade – selbstverständlich kannst du auch die Christusenergie (oder jede andere für dich wirksame Kraft) zu dir bitten, doch, das darfst du. Was immer das für dich bedeutet und in welchen Lebensbereichen auch immer du dir Gnade wünschst, die Energie oder der Engel ist bei dir und steht dir jetzt – JETZT – zur Verfügung. Der Engel bildet einen Kraftplatz auf dem Boden vor dir, einen Lichtfleck, einen Energieort. Du spürst diesen Ort, indem du einfach einen Schritt nach vorne machst – vielleicht auch ein Stückchen zur Seite. Deine Füße wissen genau, wo dieser Kraftort ist. Wenn du das nicht spürst, dann stelle es dir einfach vor. Sich etwas vorzustellen, ruft die Energien herbei, so anders als eine »echte« Wahrnehmung ist es also gar nicht. Halte es für möglich, dass es einen Engel der Gnade gibt, und stelle dich jetzt in sein Feld. Lass dich berühren, wärmen, trösten und stabilisieren – und erlaube, dass ganz unmerklich alles von dir genommen wird, was du für andere trägst. Der Engel der Gnade nimmt es von dir und legt es in die Hände der Schutzengel derer, von denen du es übernommen hast. Es ist ganz einfach, Gnade und Erlösung sind immer nur einen Schritt weit entfernt – gehen aber müssen wir diesen Schritt selbst.

Frage:
»Was ist denn eigentlich Gnade, und wozu brauche ich sie?«

Gnade meint, die herrschenden Gesetze außer Acht zu lassen und im wahrsten Sinne des Wortes Gnade vor geltendem Recht ergehen zu lassen. Die geistigen Gesetze von Karma, Raum und Zeit, die Gesetze der Bewusstseinsentwicklung treten zurück zugunsten eines höheren Gesetzes: des Gesetzes der Gnade. Wenn es also von deiner geistigen Führung akzeptiert wird, das heißt, wenn der Bewusstseinsschritt, der ansteht, niedriger bewertet wird (also einfach weniger wichtig ist) als die Erfahrung der Gnade, dann bekommst du deinen Entwicklungsweg erlassen. Und natürlich gehört im höheren Sinne auch die Erfahrung der Gnade dazu. Ganz einfach: Du selbst weißt, wie schwer es manchmal ist, die Dinge, die anstehen, zu ändern und das entsprechende Bewusstsein zu entfalten, mühsam zu lernen – loszulassen zum Beispiel. Du kennst den langen Weg der Seele, den Weg, der dir durch eine Lektion nach der anderen zeigt, an welchen Stellen mehr Liebe und Bewusstsein einfließen dürfen, den Weg, der durch Rückschläge, Prüfungen, aber auch sehr viel Hilfe aus der geistigen Welt gekennzeichnet ist. Du gehst ihn ja, diesen Weg, sonst hättest du dieses Buch gar nicht in der Hand. Gnade meint, dir eine Tapetentür zu zeigen, eine Abkürzung zu gewähren, dir die Erfahrungen und das mühselige Lernen zu ersparen und dich (deine Energie, dein Bewusstsein, nicht dein Ego) wie durch Zauberhand eine Stufe höher zu heben.

Die Engel der Gnade sagen dazu Folgendes:

Gnade walten zu lassen ist ein völlig unterschätztes Mittel des Herzens. Wenn wir euch Gnade gewähren, dann heißt das, wir erlösen euch aus eurem selbst gewählten Leid, aus euren selbst gewählten Aufgaben, und bewahren euch vor den Stolpersteinen und Fallstricken. Wir erlassen euch den Entwicklungsweg, wir erinnern euch daran, dass ihr Licht seid, und holen euch nach Hause. Wenn wir euch Gnade zukommen lassen, dann ist das ein Geschenk eurer eigenen Seele an euch. Wir haben verabredet, dass ihr an einem bestimmten Punkt eures Lebens, nämlich dann, wenn ihr demütig genug seid, um Gnade zu bitten, auch Gnade erfahrt. Um Gnade zu bitten ist ein Akt der Demut, denn ihr wisst, es ist ein Geschenk. So denkt darüber nach, ob ihr nicht bereit seid, öfter die Engel der Gnade zu rufen, es ist ein gutes Mittel gegen Groll und Zorn … Wann immer ihr wütend seid, euch über etwas ärgert oder am Massenbewusstsein der Menschheit verzweifelt, dann ruft uns, wir stehen euch zur Verfügung. Gnade walten zu lassen, ist ein unermesslich machtvolles Werkzeug, und wir wenden es sehr gerne an, immer dann, wenn es irgendwie möglich ist. Manchmal ist es nicht möglich, wenn der Erfahrungsweg der Seele zu wichtig ist, zu wertvoll, wenn Wesentliches noch nicht gelernt ist. Gnade walten zu lassen, entlässt euch nicht aus der Verantwortung. Wenn ihr um Gnade bittet, dann zeigt das im Gegenteil, dass ihr um eure Verantwortung wisst und erkennt, dass ihr »Gnade vor Recht« braucht. Das ist ein wichtiger Meilenstein in eurer Entwicklung und zeigt, dass ihr etwas Wesentliches verstanden habt: Ihr seid nicht unfehlbar, doch ihr seid wertvoll und geliebt. Gnade walten zu lassen, ist ein bedingungsloser Akt der Liebe.

Die Waagschalen eures Karmas gleichen sich aus. Egal wie viele Inkarnationen ihr hattet, wie sehr ihr auch versucht habt, euer Karma auszugleichen, letztlich ist es die Gnade, die euch erlöst. Sie gehört zur Absprache dazu, sie ist ein untrennbarer Bestandteil eures Prozesses. Gnade ist nicht nur ein Geschenk Gottes, sondern auch ein unverzichtbarer Meilenstein auf eurem Weg zur Freiheit, zum Licht.

Wendet ihn an, auf euch selbst, auf euer menschliches Leben, vor allem aber auch in Bezug auf andere. Es ist ein Schlüssel für echten Frieden. Immer wenn ihr anderen vergebt, lasst ihr Gnade walten, wenn ihr sagt »Schwamm drüber«, wenn euch Unrecht geschehen ist, lasst ihr Gnade walten. Wenn ihr nicht auf Bestrafung und Wiedergutmachung besteht, sondern einfach loslasst, die Dinge hinter euch lasst, voller Liebe, nicht in Resignation, sondern im Bewusstsein, dass ihr für immer geschützt und für immer geliebte Kinder des Kosmos seid.

Wir danken euch.

Frage:
»Darf ich denn für mich um Gnade bitten, stehle ich mich damit nicht aus der Verantwortung?«

Die Engel der Gnade lassen mich Folgendes schreiben:

Schon die Frage zeigt, dass du es nicht tust, denn sonst kämst du gar nicht darauf. Es gibt einen Unterschied zwischen einem lapidaren und unangenehmen »Naja, ich bitte einfach um Gnade, und dann ist es gut« oder einer zutiefst demutsvollen inneren Haltung, bei der du die Verantwortung sehr wohl auf dich genommen hast und gerade deshalb, weil du weißt, du kannst manches nicht wiedergutmachen, um Erlösung bittest. Es ist ein Zeichen von tiefer Liebe zu dir selbst, zum Leben – und ein Zeichen, dass du wieder am Leben teilnehmen möchtest, dass du die Schuld und die Scham hinter dir lassen willst und neu geboren werden möchtest. Bitte um Gnade, wir sind immer da. Wenn wir spüren, dass du diese Energie missbrauchen möchtest, wirkt sie nicht – so einfach ist das! Wenn du achtsam bist, dann spürst du beim Gebet um Gnade, ob du die Verantwortung tatsächlich zu tragen bereit bist oder nicht. Geißle dich nicht zu sehr mit deiner Verantwortung, du gehst, wie alle Menschen, einen schwierigen Weg, und die Erfahrungen, die dich schwer belasten, gehören einfach dazu. Wir sind immer hier, bitte uns, die Engel oder die Christusenergie, die durch Jesus ein für alle Mal auf Erden verankert wurde, dir zu helfen.

Weißt du – irgendwann ist es auch Eigenwille, NICHT um Gnade zu bitten, sondern sich in die Schuld und in die Verantwortung zu verbeißen …

Was brauchst du?

Gestern war einer dieser Tage. Wir, mein Lebensgefährte Mike und ich, haben am Wochenende viel gearbeitet, Fürsorge, Energie und Aufmerksamkeit für andere aufgebracht und wenig Zeit für uns selbst gehabt. Meine Schwester, mit derer Familie wir uns ein Haus teilen, hatte Freunde zum Kochen da, die gemeinsame Küche sah aus wie nach einer Schlacht, unsere sechs Katzen umwuselten mich, wollten gefüttert werden. Das Finanzamt wollte eine hohe Nach- und gleich auch noch eine Vorauszahlung, von der ich nicht wusste, wie ich sie aufbringen sollte. Eine andere Schwester (ich bin mit vielen Geschwistern gesegnet) klagte am Telefon über die Ablehnung einer dringend gebrauchten Kur. Ich hatte zu schreiben, Wände zu streichen und was noch alles, und es war noch nicht einmal halb neun. Ich kochte Kaffee für meine gesamte Familie, und auf einmal brach etwas in mir zusammen. Ich brauche morgens, wenn noch alles schläft, eine halbe Stunde, in der ich lese, Kaffee trinke, meditiere und in einer für mich angemessenen Zeit auf der Erde ankomme. Das ist die einzige Zeit, in der ich mich wirklich ungestört entspanne. Fehlt sie mir, werde ich unausstehlich, und sie fehlte mir seit einiger Zeit, weil einfach zu viel zu tun war. Während ich die Katzentoiletten reinigte und mit Gott und der Welt haderte, weil ich überhaupt keinen Raum für mich selbst spüren konnte und wirklich wütend war über die Zumutungen dieser materiellen Welt, hörte ich auf einmal eine sehr leise, aber deutliche und fürsorgliche Stimme:

»Was brauchst du?«, fragte sie mich, und diese Frage war der Beginn eines wundervollen Tages. Die Antwort war ganz einfach. »Raum für mich«, nichts Besonderes, einfach nur ungestörte Zeit, um die Dinge in meiner Geschwindigkeit machen zu können. Einer der größten Stressfaktoren für mich ist Zeitdruck und die Fürsorge für andere, wenn ich gerade beschäftigt bin. Ich kann nicht anders, wenn andere Menschen da sind, dann bin ich mit meiner Energie nicht ganz bei mir. Nenne es Co-Abhängigkeit oder nicht, es ist einfach so, und ich brauche deshalb viel Zeit, die ich mit mir selbst – und nur mit mir – verbringe.

Ich werde oft gefragt, ob wir nicht lernen müssen, bei uns zu bleiben, auch wenn uns andere beanspruchen wollen. Nun, wenn du kannst, dann lerne es. Ich kann es nicht. Der erste Schritt aller anonymen Suchtgruppen lautet: »Wir geben zu, dass wir unserer Sucht (um was auch immer es gerade geht) gegenüber machtlos sind und dass wir unser Leben nicht mehr meistern können.« Ich bin co-abhängig, ich lebe im 12-Schritte-Programm, und ich bin machtlos, wenn mich jemand braucht. Ich weiß, ich muss Nein sagen, wenn ich spüre, hier habe ich keinen Auftrag, weil ich sonst nicht die göttliche Ordnung respektiere, und ich tue es auch oft genug, aber es laugt mich emotional trotzdem sehr aus. Ich füge Segen hinzu und lasse los, aber dennoch bin ich schon wieder beschäftigt.

Deshalb muss ich mir Situationen erschaffen, in denen ich nicht verfügbar bin, also erst gar nicht in Versuchung gerate, die Bedürftigkeit eines anderen zu spüren. Denn dann muss ich reagieren, und sei es mit einem Nein. Kennst du das? Ist nicht manchmal schon die Frage, ob du helfen kannst (zuhören, einen Rat geben, eben schnell mal was auch immer tun ...), zu viel? Ich hoffe sehr, dass ich ausreichend für andere verfügbar bin, dass ich immer dann, wenn mich die göttliche Ordnung zum Einsatz ruft, auch präsent bin. Manchmal aber spüre ich, ich habe keinen Auftrag, alles in mir sträubt sich, und ich weiß dann einfach, hier sollte ich nicht zur Verfügung stehen. Also sage ich Nein, aber mich kostet Neinsagen sehr viel emotionale Kraft, denn ich spüre ja die Bedürftigkeit des anderen. Ich meine damit nicht Schuldgefühle, denn diese sind meistens der Suchtdruck der Co-Abhängigkeit, und ich falle längst nicht mehr darauf herein, zumindest nicht oft. Ich meine einfach emotionale Anstrengung, weil ich überhaupt eine Entscheidung treffen muss.

Das geht sehr vielen Menschen so, und Rückzug ist ein vollkommen legitimes Mittel, mit der Situation umzugehen. Ein Alkoholiker muss auch nicht lernen, in einer gut sortierten Weinhandlung zu arbeiten. Er muss das erste Glas stehen lassen und damit jedes weitere, mehr gibt es nicht zu tun, das aber jeden Tag, für den Rest seines Lebens. So geht es mir mit Beziehungen – ich habe keine Möglichkeit, wirklich ganz bei mir zu sein, wenn ich nicht allein bin. Das, was im Beruf meine Stärke ist, ist auf der anderen Seite eine große Schwäche. Ich fühle, was im Raum stattfindet, und muss mich bewusst abgrenzen, wenn ich bei mir bleiben will. Allein das ist schon anstrengend. Das kennst du sicherlich zur Genüge. Jedes Wesen braucht Raum, um zu wachsen und zu reifen. Bäume nehmen sich ihre Auszeit im Winter, sie stehen nicht zur Verfügung, ziehen sich in sich selbst zurück, es gibt weder Blüten noch Blätter zur Fotosynthese, noch Früchte – wir aber brauchen flexiblere Modelle des Rückzugs.

Meine Art, mit meiner im Alltag zu großen emotionalen Verfügbarkeit umzugehen, ist, dass ich mir bewusst Auszeiten nehme. Erst wenn ich sicher sein kann, dass ich nur für mich selbst zu sorgen brauche, weil sonst niemand da ist, kann ich mich wirklich entspannen. Weil ich das weiß, sorge ich dafür, dass ich diese Auszeit bekomme.

Meine emotionale Stabilität hängt davon ab, und damit hat es Priorität, denn bin ich innerlich instabil, kann ich weder schreiben noch Seminare geben. Du verstehst, es ist kein Luxus, gut für sich zu sorgen, es ist die Basis für alles andere, unsere Sauerstoffmaske. Es steht am Anfang der To-do-Liste, nicht irgendwie zwischen »Brot kaufen« und »Altpapier entsorgen«, schon gar nicht dahinter.

Setze dich nicht mit all dem unter Druck, was du »endlich lernen solltest«. Woher weißt du, dass du das solltest?

Nimm dich bitte, wie du bist, und schaue, was du brauchst, um in größtmöglicher Harmonie mit dir selbst zu leben. Vielleicht sollst du genau das lernen?

Ich kann auch dann schreiben, wenn ich mitten im Chaos sitze, sogar meditieren und »hellhören« oder »hellfühlen«. Aber für mich selbst, für meine Seelenruhe und meine emotionale Stabilität, brauche ich relativ häufig eine echte Auszeit, in der ich nicht gestört werde. Ich habe sehr viel Wasser im Horoskop, meine Sonne steht in den Fischen, mein AC im Krebs, ich nehme die Welt fast ausschließlich über Gefühle wahr.

Das ist meine Stärke, denn ich kann viel emotionale Energie zur Verfügung stellen. Es ist aber auch meine Schwäche, denn ich entkomme ihr nicht. Ich brauche immer wieder einen in emotionaler Hinsicht rauscharmen Raum, um zur Ruhe zu kommen. Und warum auch nicht? Es ist schließlich meine eigene Lebenszeit, die ich nutzen kann, wie ich es für richtig halte.

Das vergesse ich manchmal. Es ist, als müsse ich mich für einige Zeit (ein paar Stunden reichen) aus der irdischen Welt verabschieden und in mich selbst eintauchen, einfach bei mir sein. Ich mache dann trotzdem, was zu tun ist, gehe einkaufen, schreibe, koche, putze – aber ich bin in meiner Energie, in meinem eigenen Rhythmus und erledige die Dinge, ohne gestört zu werden, besonders ohne emotionale Hintergrundgeräusche …

Etwas in mir fiebert manchmal förmlich danach, allein und ohne Zeitdruck zu sein. Ich verhalte mich nicht anders als sonst, bin aber vollkommen bei mir. Ich bin auch nicht

Wunder weiß wie bewusst, meditiere nicht, ich »schlendere so in mir herum« und folge dem, was ich gerade tun will.

Ich schreibe das, weil ich in unseren Seminaren oft die Frage höre, ob es in Ordnung ist, Zeit für sich selbst zu brauchen. Es ist mehr als in Ordnung, es ist die Basis. Ungestörte Zeit, die du mit dir selbst verbringst, selbst wenn du in dieser Zeit beschäftigt bist, ist die Grundlage für die Beziehung mit dir selbst.

Es ist, als fragte mein Hohes Selbst mein menschliches Ich, was es braucht, nicht grundlegend und global, sondern ganz konkret und direkt. Die Frage kommt aus einer unermesslich fürsorglichen und liebevollen Energie. Ich stelle diese Frage oft meinem inneren Kind und sorge dann dafür, dass es bekommt, was es braucht, aber irgendwie sorge ich dann SCHON WIEDER für jemanden, und sei es für einen Teil meiner selbst.

Gestern war es anders. Es war, als sorgte eine liebevolle, höhere Kraft, die dennoch ich selbst war, für mich als Menschen. Ich war auf der Stelle ruhig und wieder voller Hoffnung und Vertrauen. Was brauchte ich eigentlich gerade? Das bedeutete ja, ich durfte etwas brauchen … Und es dann auch bekommen … Es bedeutete, dass meine Bedürfnisse wichtig zu sein scheinen und dass es gut für mich ist, zu bekommen, was ich brauche. Ich weiß das vom Verstand her. Aber die Stimme war so liebevoll, und die Frage kam so selbstverständlich, dass ich diese Erfahrung hiermit weitergeben will.

Wir alle haben am Ende nur unsere eigene Kraft und unsere spirituelle Anbindung. Wir alle müssen, um dahin zu kommen, wohin wir wollen, die Orte verlassen, wo es das, was wir brauchen und verwirklichen wollen, nicht gibt – sei es ein physischer Ort, eine Beziehung oder ein geistiger, emotionaler oder mentaler Ort. Und wir alle haben diese tosende Existenzangst. Der Weg in die Freiheit ist lang und kostet uns alles, woran wir uns festhalten, das ist einfach so. Aber wir werden getragen, unterstützt und mit unbändiger Lebenskraft belohnt – mit der Gewissheit, alles was kommt, durchstehen zu können und dabei geführt zu werden. Das Leben findet seinen Weg und je mehr wir uns darauf verlassen, desto anmutiger können wir durch das Leben tanzen, umso weniger müssen wir die Dinge kontrollieren und minutiös vorausplanen. Sie begegnen uns, wenn wir die richtigen Impulse setzen.

So erlaube dir selbst die liebevolle Frage: »Was brauchst du?« Nicht nur in wichtigen Angelegenheiten, sondern ganz einfach, ganz alltäglich, JETZT. Und dann erlaube dir die Erfüllung deines Wunsches. Nimm ihn ernst. Deine Lebensfreude könnte davon abhängen.

Ich schreibe im Buch *Wilde Frau sein** viel über die Frage »Willst du das?« Die Frage »Was brauchst du?« fühlt sich aber anders an. Etwas zu wollen ist aktiv, eine Handlung,

---

* Hühn, Susanne: *Wilde Frau sein. Bauch und Herz in Einklang bringen.* Darmstadt 2014.

eine Energie aus dem Solarplexus heraus, etwas zu wollen hat mit Selbstverantwortung und mit Bewusstheit zu tun. Etwas zu brauchen ist anders. Es öffnet, es sendet nicht, sondern es empfängt. Etwas zu wollen beinhaltet Tatkraft und die Aufforderung, das, was man will, zu tun, es sich zu holen, sich auf den Weg zu machen oder Nein zu sagen, wenn man etwas nicht will. Es ist Yang, benötigt Tatkraft und Willensstärke, die nach außen gerichtete Kraft der Sonne. Auch das Neinsagen braucht Tatkraft, du musst Energie dafür aufwenden, und zwar nicht wenig.

Etwas zu brauchen beinhaltet die Bereitschaft, das, was kommt, zu nehmen, sich zu öffnen und die eigene Verletzlichkeit und Bedürftigkeit anzuerkennen. Es ist Yin, Hingabe, die nach innen gerichtete Kraft des Mondes. Ein »Ja« zu sich selbst. Das Jasagen braucht keine Energie, es braucht Öffnung. (Der Weg zur Öffnung selbst kann allerdings sehr lang und energiezehrend sein!)

Liebe dich selbst oder nicht, so, wie du es kannst und fühlst – aber gehe bitte liebevoll mit dir selbst um. Das kannst du, egal ob du dich liebst oder nicht.

Erkenne, dass du etwas brauchst und brauchen darfst. Und dann erlaube dir, es zu nehmen, wenn es kommt.

Frage:

»Na toll, Frau Hühn. Woher soll das, was ich brauche, denn bitte kommen? Macht mich das nicht wieder abhängig? Was nutzt es mir, etwas zu brauchen, wenn es mir dann trotzdem nicht zur Verfügung steht? Ich brauche lieber gar nichts, sondern funktioniere irgendwie. Muss ja.«

Das kann ich sehr gut verstehen. Die Geistige Welt sagt dazu Folgendes:

Ihr habt euch, um euren Weg zu gehen, nahezu vollkommen von eurer energetischen Quelle abgeschnitten. Ihr wolltet erleben, wie es ist, aus eigener Kraft zu existieren, auch das gehört zum dualen Weg. Ihr wolltet spüren, wie es ist, sich einsam, allein und auf sich selbst gestellt zu fühlen, einfach deshalb, weil auch diese Energiemuster möglich sind. Ihr wolltet alles, was möglich ist, erleben und fühlen.
Mittlerweile habt ihr einiges davon erlebt, und es wird Zeit, diese Erfahrung hinter euch zu lassen. So werdet bereit, in Frieden zu kommen mit dem, was ihr bislang erlebt habt, und werdet bereit, von nun an mit allem versorgt zu werden, was ihr braucht.

Dazu gibt es ein einfaches, sehr wirkungsvolles Ritual:

Übung

Das Friedensritual

Stelle dich vor einen Spiegel, schließe die Augen, und fühle den Mangel, fühle, wie einsam du oft warst und wie sehr du dich anstrengst, um dein Leben zu meistern. FÜHLE es.

Öffne jetzt die Augen, schaue dich an und sage dir laut:

»Ich sehe deinen Schmerz, und du hast mein volles Mitgefühl.«*

Was geschieht, wie ist es, wenn endlich jemand deinen Schmerz sieht und anerkennt? Kannst du dir selbst, dem Leben und demjenigen, der dir Schmerz zugefügt hat, vergeben?

Vielleicht, nein, ganz bestimmt hast du eine Menge zu vergeben – am meisten sicherlich dir selbst. Es gibt eine Technik, die sich in den Seminaren als mindestens genauso hilfreich zeigt: Vergib nicht, wenn du es nicht kannst.

* Dies ist eine Technik aus der Arbeit der radikalen Vergebung von Colin Tipping.

Komme in Frieden mit dem, was IST.

Vergebung ist ein Werkzeug, um mit den Dingen in Frieden zu kommen, aber es lässt sich nicht immer anwenden. Manches kann man nur ganz schwer vergeben, und manchmal ist »Vergebung« nicht die richtige Technik – mit welchem Recht willst du dir zum Beispiel selbst vergeben, was du anderen angetan hast? Und doch leidest du möglicherweise gerade unter deinen eigenen »Verfehlungen« am meisten. Jemandem zu vergeben, der gar nicht um Vergebung bittet, ist fast unmöglich, denn die Energie prallt am Herzen des anderen ab und kommt als Schmerz zu dir zurück, das haben wir in vielen Aufstellungen erlebt und erkannt. Du vergibst und vergibst, aber es fühlt sich nicht friedlich an – lass es. Gehe auf den Platz des Friedens, komme in Frieden mit dem, was ist. Du bleibst sonst gebunden und abhängig von der Reaktion des anderen. (Übernimm bitte, wie immer, die Verantwortung und trage sie in Würde, bitte diejenigen, denen du Unrecht zugefügt hast, um Vergebung – und komme in Frieden damit.)

Wir arbeiten in unseren Seminaren oft mit systemischen Aufstellungen und haben eine spannende Erfahrung gemacht, als wir den Unterschied zwischen »Vergebung« und »In Frieden kommen mit …« aufstellten: Vergebung erlöst nur dann spürbar, wenn der andere um Vergebung bittet. Wenn du selbst vergibst, der andere aber nicht bereit ist, diese Energie anzunehmen, bleibst du gebunden, irgendwie in einer Erwartungshaltung.

Es ist, als sei »Vergebung« eine Kraft, die du dem anderen zur Verfügung stellst und schenkst. »Vergebung« ist eine Interaktion mit einem anderen Wesen, zumindest haben wir es immer wieder so erlebt. Wenn der andere nicht um Vergebung bittet, weil er gar nicht der Meinung ist, dass er dir Unrecht getan hat, dann nimmt er diese Energie nicht an und sie bleibt als Schwere im Raum stehen.

»In Frieden kommen mit …« dagegen ist ein Feld, ein Raum, in dem du dich aufhalten kannst, keine Energie, die du jemandem zur Verfügung stellst. Deshalb bist du, wenn du in Frieden mit den Dingen kommen willst, nicht abhängig davon, ob der andere bereit ist, die Angelegenheit zu klären. Wenn jemand um Vergebung bittet, ist es wundervoll und sehr hilfreich, das Werkzeug »Vergebung« anzuwenden, es befreit alle Beteiligten vom Schmerz und erlöst die Beziehung. Aber wenn nicht, dann betritt den Raum des Friedens – hier wirst du unabhängig vom anderen erlöst.

Wir spüren und erleben es so, ich schreibe das nicht, weil es eine allgemeingültige Lehre ist, sondern weil es vielleicht erklärt, warum die Vergebung manchmal so schwierig ist. Es kann aber auch sein, dass du ganz andere Erfahrungen gemacht hast …

Natürlich sind wir spirituelle Wesen, die entsprechende Erfahrungen auf der Erde machen, und aus diesem Grund gibt es eigentlich nichts zu vergeben. Aber auf der Ebene des Schmerzes, der Schuld und der Scham sieht es ein wenig anders aus – und hier nutzen spirituelle Weisheiten auch nicht viel.

Es gibt eine Kraft, die uns immer zur Verfügung steht, egal wie schuldig oder schamvoll wir uns fühlen: Die Bereitschaft, in Frieden zu kommen mit dem, was IST.

Was immer geschehen ist – wenn du damit in Frieden kommst, dann kann das Leben weiter fließen. Natürlich bedeutet das, dass du bereit wirst, deinen – sicher sehr verständlichen – Groll hinter dir zu lassen. Es bedeutet, dass du die Rolle des Opfers oder des Täters verlässt und entscheidest, dass du weitergehst. In Frieden zu kommen mit dem, was geschehen ist, bedeutet nicht, dass du es jemals wieder zulassen wirst, wie viele befürchten. Es bedeutet, dass du bereit bist, weiterzugehen. In Frieden zu kommen mit dem, was ist, macht dich frei von Groll, Scham, Wut, Schuld, Schmerz, Verbitterung und Enttäuschung.

Manchmal allerdings, wenn die Verletzung zu groß ist, bist du nicht bereit, in Frieden zu kommen, und auch das kann ich sehr, sehr gut verstehen. Das Leben mutet einem durch das, was einem andere Menschen antun können, manches zu, was oft an die absolute Schmerzgrenze – oder noch darüber hinaus – gehen kann. Dann kann es sein, dass sich das Karma ausgetobt hat.

Wir leben – durch die Energieerhöhungen der letzten Jahre und Jahrzehnte – in einer Zeit, in der wir aus dem Rad des Schicksals aussteigen und wahrhaftig frei werden, vom Karma ins Dharma wechseln können, also vom Lernen durch schmerzhafte Erfahrung in das Lernen durch die Einhaltung der geistigen Gesetze und durch Freude. Das heißt aber auch, dass wir die Reste unseres Karmas serviert bekommen, den Bodensatz, das, was jetzt und auch jetzt erst erlöst werden kann und darf. Jetzt, weil wir in der neuen Energie angekommen sind, zeigt sich alles, was noch nicht vollkommen in Harmonie schwingt, überlebensgroß. Nicht nur energetisch, sondern manifest.

Hadere nicht oder zumindest nicht sehr lange. Glaube mir, ich weiß sehr genau, wovon ich spreche. Suche dir Hilfe. Schaue dir in einer Rückführung an, was du selbst dazu beigetragen hast, spüre deine Wut, deine Verzweiflung, lass all deine Gefühle zu, und rufe die seelischen Aspekte zurück, die dir gefehlt haben, aufgrund deren Fehlens überhaupt erst Karma entstanden ist.

Tanze deine Gefühle, atme mithilfe des Feueratems – lass die Kontrolle über dich selbst los, und fühle, was du fühlst.

Ich habe erst neulich in einer für mich wirklich äußerst schmerzhaften Situation folgenden Satz gehört: »Du weißt doch, Susanne (gerade du!!), dass die Dinge von einer höheren Warte aus gesehen Sinn ergeben und dass du wählen kannst, was du fühlst.« Na, danke für das Mitgefühl. Ich hoffe nicht, dass ich selbst andere in ihrem Schmerz auch so abschmettere.

Und nein, das weiß ich nicht, weil es für mich nicht stimmt. Ich fühle, was ich fühle. Alles andere ist Kontrolle, und das kenne ich nun wirklich zur Genüge – zu fühlen, was ich meine, fühlen zu sollen – so, dass meine Gefühle andere nicht in Schwierigkeiten bringen. Wie ich mit mir und der Situation umgehe, geht niemanden etwas an. Es ist geradezu unverschämt, jemandem, der verletzt wurde, zu sagen, dass er nicht bewerten soll. Wie bitte? Ich soll erlauben, dass man mich betrügt, mich hintergeht, mich verletzt oder was immer geschehen ist, und dann darf ich das nicht mal – entschuldige bitte – Scheiße finden? Und ist das Bewerten? Geht's noch? Stimmt es nicht einfach, dass Dinge, die passieren, manchmal einfach nur voll daneben sind, auch wenn sie auf anderen Ebenen natürlich oft durchaus einen Sinn ergeben, ja es vielleicht sogar notwendig ist, dass sie passieren? Manches IST einfach nicht in Ordnung, sonst hättest du dir selbst ja auch kein Karma aufgebaut. »Nicht in Ordnung« meint, es entspricht nicht der höchsten geistigen Wahrheit, sondern ist ein Produkt des Ego. Natürlich ist alles in Ordnung, etwas anderes gibt es gar nicht. Aber die Frequenzen – und damit die auf dieser Ebene wirkenden Gesetze – sind unterschiedlich. Das ist kein Bewerten, sondern das ist einfach so. Wenn du aus Angst statt aus Liebe handelst, dann wirken andere Gesetze, weil du dich in einem anderen Energiefeld aufhältst.

Wenn du belügst, betrügst, verheimlichst und die Dinge nicht klar auf den Tisch legst – am besten noch, bevor du handelst wenn andere beteiligt sind –, dann bekommst du dafür die Rechnung. Ist das Bewerten? Nein. Du hast es selbst verursacht, egal wie sehr die anderen auf einer höheren Ebene selbst verantwortlich waren. Du hattest die Wahl, die Dinge auf einer höheren Ebene zu regeln, hast dich aber dafür entschieden, eine niedrig schwingende Ordnung anzuwenden und in deine Taten einfließen zu lassen, und DAS ist deine Verantwortung. Und wenn ein anderer entschieden hat, niedrig schwingende Energie in die Tat umzusetzen und du darunter leiden musst, dann darfst du auch sehr wohl wirklich wütend sein, oder? Lass dir nicht deine Gefühle ausreden, sondern schenke dir selbst Mitgefühl.

Sonst dürften wir auch nicht wütend werden, wenn wir das Leid sehen, das durch Ausbeutung und Kriege verursacht wird, denn auch hier wirkt eine niedrig schwingende Ordnung, und die Dinge ließen sich anders regeln. Werde wütend, fühle deinen Schmerz, es ist der Schmerz darüber, dass der andere die Dinge nicht aus Liebe, sondern aus Angst und aus dem Ego heraus regelt und handhabt – und darüber darfst du durchaus weinen und schreien, denn du weißt es längst besser. Bist du deshalb ein Opfer? Auf eine Weise ja, natürlich. Selbstverständlich stellt sich die Frage, womit du diese niedrige Energie in dein Leben gezogen hast, und es ist sinnvoll, sie zu beantworten – und dennoch darfst du dich schlecht fühlen. Einfach weil es die Wahrheit ist. Na und?

Du spürst meine Entrüstung. Weil diese ganze spirituelle Soße, die wir uns oft über unser Fühlen, besonders über unsere Wut und unseren Schmerz, kippen, nur dazu führt, dass wir uns selbst gar nicht mehr spüren. Wir bleiben stecken, und DAS macht uns zum Opfer. Tanze deine Gefühle. Erlaube dir, zu fühlen, was du fühlst, kontrolliere dich nicht. Sei dir nah, gerade in deinem Schmerz. HIER steckt deine Kraft, hier in der Abgrenzung, im Nein. Gerade wenn du den Schmerz wirklich fühlst, kommst du aus deiner Opferrolle heraus, und dein Krafttier kann endlich agieren. Schenke auch deinem Nein das Ja zum Leben.

Natürlich bleiben wir nicht im Schmerz hängen – obwohl dir auch das freisteht. Es ist deine Entscheidung, es ist dein Leben, wenn du im Schmerz verharren willst, dann ist das einfach deine Sache. Dennoch können wir natürlich nicht erwarten, dass sich andere das dauernd anhören, das ist auch klar.

Fühle. Und werde DANN erst bereit – in der für dich richtigen Zeit – weiterzugehen. Manchmal braucht es lange, besonders, wenn du an einer Stelle verletzt wurdest, die schon so lange verletzt ist und endlich Heilung braucht. Ja, natürlich können wir dem anderen dafür dankbar sein. Das werden wir auch. Aber nicht gleich. Sonst fühlen wir wieder nicht.

Nutze dein spirituelles Wissen bitte nicht, um dich selbst in Schach zu halten, sondern atme, öffne dich, bleibe ganz bei dir, stehe dir selbst zur Seite und nimm dir deine Zeit.

Sonst können deine echten emotionalen Selbstheilungskräfte nicht wirken, weil du sie mental blockierst und kontrollierst. Trauere bitte so lange es nötig ist, es geht niemanden etwas an. Du trägst sowieso die Folgen für alles, was du entscheidest, deshalb bist du frei zu tun, was du willst.

So schließe bitte noch einmal die Augen und erkenne, ob du bereit bist, in Frieden zu kommen mit deinem Leben, so, wie es nun einmal bis jetzt war. Sicher ist es sinnvoll, sich die einzelnen Themen genauer anzuschauen. Diese Technik kannst du auf alles anwenden, auf den kleinen Ärger in der Straßenbahn und auf das Schwierigste, das du jemals erlebt hast. In Frieden zu kommen mit dem, was ist, ist ein universelles Allheilmittel. Du brauchst nicht zu wissen, WIE du in Frieden kommen kannst. Deine Bereitschaft genügt. So sei ganz ehrlich. Bist du bereit, in Frieden zu kommen mit dem, was ist? Auch mit der Erfahrung, dass nie jemand da war, wenn du mal jemanden gebraucht hast, auch mit der Erfahrung von Mangel, Verrat, Betrug und Schmerz? Wenn ja, dann öffne bitte die Augen, schaue dich im Spiegel an, und sage laut folgenden Satz:

»Ich achte dich für deine Bereitschaft, mit deinen Erfahrungen (von Mangel, Betrug oder welche auch immer du dir gerade anschaust) in Frieden zu kommen.«

Wie fühlt sich das an? Es ist ein großartiger, wichtiger Moment, wenn du bereit wirst, den Groll loszulassen und in das Energiefeld des Friedens zu wechseln. Du kannst das ganz direkt, durch eine körperliche Übung tun: Lege dir ein Tuch auf den Boden, oder erschaffe dir einen heiligen Kreis, so rituell, wie du nur willst. (Vielleicht genügt dir auch die Vorstellung eines physischen Kraftortes. Es kann aber wirklich sehr hilfreich sein, diese Übungen körperlich auszuführen, denn damit verankerst du die neuen Erfahrungen in mehreren Arealen des Gehirns, und deine Selbstheilungskräfte können besser darauf zugreifen. Die Vorstellung ist bereits sehr hilfreich und schult dein Gehirn, aber die Tat erdet deine Erfahrungen. Deine neuen Gehirnverbindungen werden stabiler, stärker und somit schneller. Aus feinstofflichen, elektrischen Impulsen [geistigen Informationen], die durch deine Nervenbahnen strömen, werden stabile, physische Eiweißketten, die deine Erfahrung von Frieden dauerhaft und fest im Gehirn verankern und abspeichern. Das Gehirn bildet eine eigene Leitung für diese Information, eine Nervenbahn speziell für Frieden. Das ist kein inneres Bild, sondern Biologie – unser Gehirn lernt auf diese Weise. Die Peptidkette bildet das physische Gerüst für das Langzeitgedächtnis – und Frieden wollen wir doch gerne im Langzeitgedächtnis haben, oder? Du lernst das Gefühl von Frieden in jeder Zelle kennen und kannst es immer einfacher abrufen.)

Erschaffe dir also einen Friedenskreis, einen heiligen Ort des Friedens. Lade den Engel des Friedens auf diesen Platz ein, wenn dir das dient, oder bitte die Kraft von Mutter Erde zu wirken, rufe ein Krafttier, das dich immer wieder an Frieden erinnert – es ist wirklich völlig gleichgültig, auf welche Weise du Frieden findest. DEINE Weise ist genau richtig.

Dem Frieden ist es egal, wie du ihn erlangst.

Und nun stelle dich ganz bewusst und mit voller Überzeugung auf diesen Platz des Friedens. Lass dich vom Frieden durchströmen, fühle ihn in jeder Zelle. Lege Musik auf und tanze den Frieden, dann haben die Pyramidenbahnen, die wichtigsten motorischen Nervenzellen deines Gehirns, auch was davon. Sie übertragen Informationen aus dem Gehirn in die Skelettmuskulatur, und somit verankerst du den Frieden durch Bewegung in deinen Muskeln!

Merke dir dieses Gefühl, und weise deine Zellen an, von nun an immer wieder diesen Zustand herzustellen. Das Gleiche kannst du mit jeder anderen Energie tun. Du kannst dir den Platz der Fülle, der erfüllten Liebe, der erfüllten Bestimmung oder deines idealen Wohnortes erschaffen, dich daraufstellen, ihn tanzen, das Gefühl in deinen Körper strömen lassen und deine Zellen anweisen, diese Energie zu speichern. Du bittest damit deine sich selbst ordnenden Kräfte, immer wieder die Ordnung des Friedens und der Erfüllung herzustellen. Die Außenwelt kann gar nicht anders, als dir entsprechende Angebote zu machen, dir also Gelegenheiten zu geben, Erfüllung zu finden. Ob du sie nutzt oder nicht, liegt natürlich bei dir …

Klingt das ein bisschen wie ein schamanischer Regentanz? Nun ja. Es IST wie ein schamanischer Regentanz. Sage es nicht weiter … Viel Spaß dabei!

Und nun – sei willkommen im Frieden. Du kannst dir keinen größeren Liebesbeweis geben, als dir selbst den Frieden zu schenken. Du brauchst nicht mehr zu lernen, dich selbst zu lieben. Du liebst dich aus tiefster Seele, gerade hast du es dir bewiesen.

Sich selbst Frieden und Erfüllung zu schenken, sich selbst das Beste zu geben, das diese Welt nur zu bieten hat, zeigt, wie sehr du dich selbst liebst.

Wenn du von nun an also etwas brauchst oder in dein Leben bitten möchtest – errichte das entsprechende Kraftfeld, und tanze es in dein Leben! Nun brauchst du nur noch deinen Impulsen zu folgen und alles hinter dir zu lassen, was nicht mehr dienlich ist …

Übung

Kraftfeld des Friedens

Warum trittst du nicht immer wieder ganz bewusst in dein Kraftfeld des Friedens ein? Weil du es vielleicht vergisst. Dabei kann es so selbstverständlich sein wie das Schuheanziehen. Warum verknüpfen wir nicht eine alltägliche, gewohnte Handlung mit einer, die wir neu lernen wollen?

Stelle doch bitte von nun an deine Schuhe auf einen hübschen, kleinen, runden Teppich, ein Filzkreis genügt schon. Das ist dein Platz des Friedens, und deine Schuhe stehen darauf, wann immer du sie ausziehst. Von nun an betrittst du also automatisch immer dann, wenn du deine Schuhe anziehst, einen Platz des Friedens. Vielleicht möchtest du noch einen Schritt weitergehen und dir einen echten Friedensplatz erschaffen – weihe ihn, stelle Engelfiguren, Skulpturen deiner Krafttiere, Kerzen oder für dich wertvolle Steine dazu, ziehe einen magischen Schutzkreis, indem du dir ein goldenes Licht vorstellst, das diesen Platz des Friedens umgibt. Es kann ein schöner runder Teppich sein, auch ein Sessel, ein Platz am Fenster – weihe ihn, und erkläre ihn offiziell zum Platz des Friedens in deiner Wohnung. Wann immer du dich nun im Unfrieden befindest, suche diesen Platz auf und erlaube, dass Frieden in alles einströmt, was ist, besonders wenn du die Ursache nicht ändern kannst. Dadurch geschehen Wunder.

Folgendes Gebet kann dir dabei helfen:

»Gott gebe mir die Gelassenheit, die Dinge hinzunehmen, die ich nicht ändern kann, den Mut, die Dinge zu ändern, die ich ändern kann und die Weisheit, das eine vom anderen zu unterscheiden.«

So sei es.

Tun, was guttut

Wir haben schon darüber gesprochen, dass sich Selbstliebe hier auf der Erde in der Hauptsache über das Verhalten, weniger über das Gefühl zeigen kann. Sonst bleibt die Liebe ein Lippenbekenntnis. Wir sind auf der Erde, und die Energien zeigen sich in dieser Dimension durch die Tat.

Was dir wirklich guttut, ist, …

… deine Rechnungen pünktlich zu bezahlen,
damit du nicht permanent mit diesem Damoklesschwert herumläufst, an das du dich vielleicht gewöhnt hast, das dir aber kostbare Lebensenergie nimmt, weil du es dauernd verdrängen musst. Kannst du deine Rechnungen nicht bezahlen, dann übernimm die Verantwortung, rede mit deinen Gläubigern oder suche dir Hilfe, zum Beispiel bei der Schuldnerberatung. Tritt in Kontakt mit den Menschen, denen du noch Geld schuldest, hülle dich nicht in schamerfülltes Schweigen. Es gibt immer Wege, wenn du bereit bist, ins Reine zu kommen. Natürlich ist das ein sehr schambesetztes Thema – aber, nun ja, das ist eben so. Wenn du dich selbst lieben willst, dann bleibe bei dir, verlasse dich nicht, und schaffe Ordnung in deinem Leben.

… in Frieden mit deinem Groll zu kommen,
denn Groll frisst unersetzliche Lebensfreude, und es lebt sich leichter, wenn du bereit bist, die Dinge gut sein zu lassen.

… einigermaßen gesund zu essen
– das erklärt sich von selbst.

… Körperkontakt zu haben.
Das ist leicht gesagt, ich weiß. Aber DU weißt, wie wertvoll eine Umarmung ist, wie wesentlich es ist, jemandem die Hand zu halten und die eigene Hand gehalten zu bekommen. Wenn du nur sehr wenige Streicheleinheiten bekommst, weil du alleine bist, dann spende welche. Finde eine Möglichkeit, deine Liebe auch körperlich auszudrücken, besonders die Liebe zu dir selbst. Damit meine ich nicht nur Sex, obwohl auch Sex wichtig sein kann, aber nicht sein muss. Es gibt sehr viele verschiedene Lebensformen, für die einen ist Sex wesentlich, für andere ist Sex die Quelle aller Verhaftungen – was immer für dich stimmig ist, finde es heraus, und richte dein Leben danach aus. Du richtest dein Leben aus, indem du das, was dir wertvoll, wichtig und heilig ist, ernst nimmst und alles andere sein lässt.

Wenn du niemanden zum Kuscheln hast, dann gehe in ein Tierheim oder besuche ein Altersheim, ein Krankenhaus – es gibt sehr viele Wesen, seien es Menschen, Tiere oder auch Pflanzen, die deine tatkräftige Liebe brauchen.

Wir brauchen Körperkontakt – aber den richtigen. Wenn du dich fremdbestimmen lässt, fühlst, wenn andauernd jemand an dir herumzupft, dich auf eine Weise anfasst, die dir nicht behagt, dann darfst und solltest du Abhilfe schaffen. Du gibst dir sonst immer wieder selbst das Gefühl, dass deine Bedürfnisse weniger wichtig und wertvoll sind als die anderer Menschen. Das mag für eine Weile okay sein, wenn du dich um kleine Kinder kümmerst, aber nur dann.

... sich genug Zeit zu nehmen, um zu meditieren oder spazieren zu gehen,

also Zeit, um die Beziehung zu dir selbst, zu deinem Körper, zu deiner inneren Führung und deiner Seele zu pflegen. Jede Beziehung braucht Pflege. Es ist ein zutiefst menschliches (ob auch tierisches, weiß ich nicht, aber menschliches ganz sicher) Bedürfnis, eine gute Beziehung zu einer wie auch immer gearteten Höheren Macht zu haben. In beinahe jedem Volk der Erde gibt es spirituelle Rituale, Gesänge, Meditationen, das Feuer und die Trommel. Wir brauchen eine spirituelle Kraft in unserem Leben, der wir vertrauen, und es ist unsere Aufgabe (falls wir nicht die spirituelle Ausrichtung, die uns die Weltreligionen anbieten und zur Verfügung stellen, nutzen wollen), unsere eigene spirituelle und geistige Heimat zu finden.

Vielleicht findest du eine Sportart, die dir guttut, etwas, was dich in Kontakt mit deinem Körper und seinem besonderen Bewusstsein bringt, auch das ist wie Meditation. Mir tut Qigong sehr gut, weil ich dabei sehr fürsorglich mit mir selbst umgehen darf und die Qi-Energien (ein anderes Wort für Lebensenergie) einsammle, um sie mir selbst zu geben – eine Offenbarung für Co-Abhängige! Öffne dich dafür, die Bewegungsform zu finden, die genau das hat, was du brauchst, dann wird sie dir auch begegnen – und halte sie durch. Der Körper braucht ein paar Wochen, um sich auf einen neuen Energiefluss einzustellen. Wir haben lange geübt, stundenlang still zu sitzen (das tun die meisten Menschen jeden Abend), obwohl wir das als Kinder nicht leiden konnten. Genauso können wir wieder üben, mehr Bewegung zu brauchen und uns damit wohlzufühlen. Übe zu meditieren und gib nicht auf – es braucht seine Zeit, bis das Gehirn umschalten kann.

... den eigenen moralischen Ansprüchen zu genügen, damit du nicht von durchaus berechtigten Schuldgefühlen geplagt wirst. Es kostet so viel Kraft, sich selbst dauernd in Schach zu halten und die innere Wahrheit zu leugnen – und wozu solltest du das auch tun? Verhalte dich so, dass du aufrichtig und wahrhaftig in den Spiegel schauen kannst. Und wenn dir das im Moment nicht möglich ist, dann übernimm bitte die Verantwortung und ändere es. Nein, man muss eben kein Schwein sein in dieser Welt, und wenn du das dennoch glaubst, dann wechsle die Frequenz. Es ist egal, was andere machen, sollen die ruhig ihren spirituellen Preis bezahlen. Wenn wir im Zustand der Selbstliebe leben wollen, können wir es uns schlicht nicht leisten, weniger als so aufrichtig und so gütig wie möglich zu sein. Sonst geraten wir zu Recht – und das sage ich bewusst und ausdrücklich – in einen sehr angemessenen Zustand der Selbstverachtung. Natürlich schreibt sich das leichter, als es sich leben lässt. Aber was soll denn das für ein Argument sein?

... das Haus oder die Wohnung so einzurichten, wie du es möchtest – oder zumindest eine Ecke zu beanspruchen, in der dich niemand stört und die so sein kann, wie du sie haben willst.

Auch das erklärt sich von selbst. Es ist wichtig für deine gefühlte Selbstbestimmung, tatsächlich selbst entscheiden zu können und das auch zu tun, gerade in materieller Hinsicht.

... sich Zeit zu nehmen, um kreativ zu sein, was auch immer »kreativ sein« (auf Deutsch: schöpferisch tätig sein) für dich bedeutet,

denn wie soll sich deine Schöpferkraft entfalten, wenn du immer nur funktionieren musst? Deine Schöpferkraft ist in bestimmten Gehirnarealen beheimatet, und es ist wichtig, diese Gehirnareale zu nutzen und ihnen freien Lauf zu lassen, GERADE, wenn du normalerweise funktionieren und dich selbst kontrollieren musst. Wenn du deine Schöpferkraft trainierst, dann wird dir diese Kreativität auch im Alltag zur Verfügung stehen. Dein Leben wird bunter und freier, weil dir viel spannendere Lösungen einfallen und sich dein Handlungsspielraum erweitert. Du verlässt die inneren eingefahrenen Gleise, wenn du dir selbst erlaubst, einfach schöpferisch tätig zu sein, ohne dass es »gut« werden muss. Vielleicht wird es gerade dadurch mehr als gut, nämlich genial.

... ein Tier zu halten, wenn du Tiere liebst,
denn du weißt, wie unersetzlich die Liebe ist, die du einem Tier gegenüber verspüren kannst. Erlaubt dein Vermieter nicht, dass du zumindest ein kleines Tier zu dir nimmst und es auf vernünftige Weise hältst, obwohl es dir sehr wichtig ist, dann solltest du dich ernsthaft fragen, ob du selbst eigentlich artgerecht lebst.

... zu tanzen und Musik zu hören,
weil das dein natürlicher Zustand ist! Jedes Volk macht Musik, singt und tanzt, es ist offensichtlich ein Grundbedürfnis des Menschen. Was immer dir Freude macht – nutze die Zauberkraft der Musik und bewege dich dazu. Etwas geht immer, egal wie bewegungsunfähig du auch sein magst. Sogar im Geiste zu tanzen ist besser, als gar nicht zu tanzen! Die meisten Altersheime kranken ganz besonders daran, dass diese vollkommen natürlichen, wesentlichen Bestandteile unseres Lebens – das Zusammenleben mit Tieren und das Tanzen, Musizieren und Musikhören – viel zu wenig Raum bekommen.

... die Natur zu genießen und wahrzunehmen,
denn die kosmische Ordnung, die sich in der Natur ausdrückt und zeigt, wirkt auch in dir und erinnert dein System an sich selbst, an deine Basis. Die Liebe, die du zur Natur spürst, die Schönheit, die dich berührt, verschafft dir den irdischen Halt, den du vielleicht gerade brauchst.

... genug Raum zu haben, damit die Seele baumeln kann, das heißt freie, unverplante Zeit für spontane Ideen
– zehn Minuten sind besser als gar nichts!

... ab und zu etwas zu verschenken,
denn es ist erwiesen, dass Verschenken, wenn es freiwillig und wirklich ohne weitere Hintergedanken geschieht, ein wundervolles Gefühl von Fülle und eigener Wertschätzung bewirkt. Nein, das ist nicht das Ego, das sich im Glanze des Gebenden sonnt. Es ist ein natürliches Bedürfnis, andere zu beschenken, Tiere tun das andauernd und auch Kinder, die sich in Fülle fühlen, verschenken gerne ihre Spielsachen. (Ab einem gewissen Alter tun sie das nicht mehr, weil sie erfahren wollen, was eigene Grenzen sind, und dass sie auch Nein sagen dürfen.) Wenn du etwas verschenken kannst, dann besitzt du offensichtlich etwas, über das sich ein anderer freut, und damit fühlst du dich als Teil eines Kreislaufes der Fülle.

… deine guten Beziehungen zu pflegen,
besonders die Beziehung zu dir selbst! Verbringe aber zudem auch Zeit mit deinen Freunden, und sei es am Telefon. Geht zusammen ein Glas Wein trinken – unterschätze nicht die Sicherheit eines stabilen sozialen Netzwerkes. Das für die meisten Menschen am wenigsten zu ertragende Gefühl ist Einsamkeit. Gehe unter Leute, besuche Kurse oder Veranstaltungen, die dich interessieren, und nimm deine Freundschaften ernster. Das schreibt sich so lapidar und klingt so banal. Aber wie oft vergessen wir, weil wir einfach viel zu viel zu tun haben, dass auch unsere Beziehungen Pflege brauchen, und zwar durch gemeinsam verbrachte Zeit, Anteilnahme, gemeinsames Lachen und Weinen. Spätestens wenn du deine Freunde brauchst, weil das Leben dir einiges zumutet, wirst du dir des Wertes deiner Freundschaften wieder bewusst – verschenke an deine Freunde das Wertvollste, das du hast: deine Zeit – oder deine Stundenblumen (wenn du dich an die Geschichte von Momo erinnerst), deine Liebe und deine Dankbarkeit.

… deine unguten Beziehungen zu beenden,
denn sie rauben dir genau das, was du in deinen guten Freundschaften verschenken möchtest. Außerdem zahlt jeder in deiner näheren Umgebung den energetischen Preis, wenn du dich aussaugen lässt. Deine Familie, deine Freunde und deine Arbeitskollegen müssen dann mit deinem Ärger, mit deinen Sorgen und – Verzeihung – gege-

benenfalls auch mit deinem Gejammer klarkommen. Eine ungute Beziehung zieht deinen guten Beziehungen mehr Energie ab, als du es dir vorstellen kannst.

Ungute Beziehungen sind solche mit energetischen Blutsaugern, mögen sie noch so nett daherkommen. Auch das schreibt sich leicht, ich weiß, aber für die Umsetzung gibt es Bücher über und Selbsthilfegruppen gegen Co-Abhängigkeit. Mein Anliegen in diesem Buch ist es, dir zu zeigen, was wesentlich sein könnte, auch wenn ich weiß, dass die Umsetzung nicht immer so einfach ist, sonst würdest du ja längst entsprechend handeln. Erstelle dir eine Liste mit all den Personen, die dir Zeit rauben, ob gefühlt oder tatsächlich. Einige von ihnen musst du vielleicht akzeptieren, aber in anderen Fällen lässt sich sicher auch etwas ändern. Schaue bitte ganz genau, bei wem du dich nicht mehr melden möchtest – und wenn es gar nicht anders geht, dann änderst du einfach deine Telefonnummer.

… dich um deine Angelegenheiten zu kümmern,
und das gilt natürlich für alle deine Angelegenheiten. Du hast gewählt – nun trägst du die Verantwortung, ob es dir gefällt oder nicht. Verlasse die Opferrolle und erkenne die Schöpferkraft in dir. Wir alle lernen auf unserem Weg, die Verantwortung mehr und mehr zu übernehmen, auch und gerade für die Bereiche unseres Lebens, in denen wir uns völlig ausgeliefert fühlen. Wofür sind wir verantwortlich? Für unseren Umgang mit dem, was uns das Leben anbie-

tet, aber auch zumutet. Es ist wichtig, zu verstehen und zu fühlen, welche Energie dir die Kraft gibt, weiterzumachen, auch wenn du nicht weiterweißt.

... sich halten lassen.

Huh, das ist womöglich eine Herausforderung, und ich hoffe, ich berühre dich nun nicht in deinem Schmerz. Erlaube mir dennoch, dir diese Übung vorzustellen:

Gestern habe ich gelernt, dass es den sogenannten Bindungsblick gibt. (Danke, Shantidevi!) Das ist der Blick, mit dem das Baby Kontakt zur Mutter oder zum Vater aufnimmt, während es sicher und stabil gehalten wird. Der Bindungsblick dauert nur ein paar Sekunden, weil Babys ihren Blick noch nicht lange fokussieren können. Das Baby schaut, dann schließt es wieder die Augen, versinkt in sich, spürt sich selbst und die Mutter oder den Vater (die Mutter meist deshalb, weil dieser Bindungsblick beim Stillen am häufigsten zum Tragen kommt), spürt das Gehaltenwerden, muss sich aber nicht kümmern, braucht nicht dafür zu sorgen, dass der andere bleibt. Die Mutter oder der Vater sind einfach DA. Dann schaut es wieder, geht in Kontakt mit der Mutter, es lässt los, versinkt in sich – es lernt, in Beziehung zu sein, dann wieder bei sich, so, wie es sich gerade richtig anfühlt. Ich habe das gleich mal mit meinem Partner ausprobiert (allerdings nur ganz kurz zum Testen, ohne es mir in seinem Arm bequem zu machen, wir hielten uns nur leicht an den Händen) und SOFORT panisch nach seinem Arm gegriffen, als ich die Augen schloss, um mich zu vergewissern, dass er nicht weggeht. Spannend, oder? Wir sind es nicht gewöhnt, dass jemand wirklich da ist und bleibt …

Bitte eine Person deines Vertrauens, dir diese Übung zu ermöglichen, vielleicht möchtest du ihr später das gleiche Geschenk machen. Ich weiß, dass es eventuell niemanden gibt und dass du nun vielleicht berührt bist, traurig oder ärgerlich. Das tut mir sehr leid. Bitte öffne dich dafür, es gibt auch Gruppen, in denen diese Übungen angeboten werden. Öffne dich dafür, dass du gehalten wirst, auch wenn du noch nicht weißt, von wem.

Wenn du nun also eine Person deines Vertrauens gefunden hast (und ja, es ist ein bisschen peinlich, so bedürftig zu sein, aber wir sind es nun mal … zur Selbstliebe gehört, sich mutig den eigenen Bedürfnissen zu stellen, oder?), dann bitte sie, sich bequem hinzusetzen. Der Rücken ist abgestützt, das linke Bein ist aufgestellt, und der linke Arm bildet eine Beuge. Nun lege dich wie ein Baby in den Arm deines Partners (das Gesicht ist ihm zugewandt). Der Haltende begibt sich bewusst in die Rolle der nährenden Mutter oder des hütenden Vaters – je nachdem, was du dringender brauchst –, am besten in beide. Schließe die Augen, während der Haltende dich liebevoll anschaut. Atme ganz ruhig.

Vielleicht sagt er ab und zu den Satz »Ich halte dich«, falls sich das gut anfühlt, vielleicht schweigt ihr beide auch einfach. Spüre den Halt – und lass los. Natürlich schreibt sich das leicht, aber es funktioniert besser, als es sich liest. Spüre, wie etwas in dir aufzuatmen beginnt. Wenn du den anderen ansehen willst, dann öffne die Augen, so lange, wie es sich für dich gut anfühlt, und versinke dann wieder mit geschlossenen Augen in dir selbst. Erlebe den inneren Wechsel zwischen der Beziehung zum anderen und der Beziehung zu dir selbst. Du hast die Erlaubnis, dich selbst zu spüren, du brauchst nichts für den anderen zu tun, er ist einfach DA.

Lass dich mindestens zehn Minuten lang halten, damit das Gehaltenwerden auch wirklich in der Tiefe ankommt – und erinnere dich bitte daran, dass du jederzeit um diese Übung bitten kannst. Es nährt dich vielleicht tiefer und nachhaltiger, als du dir das vorstellen kannst …

»Jetzt nervt sie aber«, denkst du womöglich bei einigen Punkten, »ich würde ja gerne, aber wie soll ich …« Ich weiß es nicht. Es stimmt aber, und das weißt du auch. Stelle dir vor, du wärest dein eigener Vater, deine eigene Mutter, dann würdest du genau die gleiche Liste schreiben, die ich dir hier an guten Dingen, die du für dich tun kannst, anbiete, nicht wahr?
Ergänze sie ruhig um die Punkte, die dir zu deinem Glück noch fehlen – und halte dich daran …

Ich werde oft ungläubig angeschaut, wenn ich sage, dass ich – wie wir alle – große Angst habe, verlassen zu werden, einsam zu sein, meine Rechnungen nicht zahlen zu können. »Ja, aber du bist doch so stark an die Geistige Welt angebunden«, höre ich dann. Als würde das was nutzen, liebe Leser. Ja, das bin ich, wie so viele von uns. Aber das nutzt meinem menschlichen Selbst, dem Teil in mir, der auf der ganz irdischen, menschlichen Ebene Angst vor Mangel, vor Armut, vor Schmerzen, vor Einsamkeit, vor Ungerechtigkeit, auch vor dem Tod, hat, nichts bis gar nichts. Weil die Angst ja berechtigt ist. Wir erleiden Schmerzen, wir können krank werden, es kann passieren, dass wir verlassen werden, wir werden definitiv sterben, wenn wir nicht lernen, unseren physischen Körper in Licht zu verwandeln und in andere Dimensionen mitnehmen – und selbst dann kann es sein, dass es sich für einen Teil unseres Wesens wie Sterben anfühlt.

Und wir wissen nicht, wie viel Karma wir noch zu bezahlen haben, was die Seele noch ausgleichen will. All das bewusste positive Ausrichten wirkt, natürlich. Aber wenn zwischen dir und deiner echten Freiheit noch unerledigte Rechnungen liegen, wenn du eine bestimmte Erfahrung noch nicht gemacht hast, womöglich noch etwas schuldig bist, dann lädst du diese Erfahrung durch das bewusste positive Ausrichten erst recht ein. So wundere dich nicht – je mehr Licht du in dich einfließen lässt, desto schärfer und deutlicher werden auch die Schatten. Wenn alles ein bisschen diffus und grau ist, siehst du die Schatten nicht – aber jetzt, in diesem intensiven kosmischen und spirituellen Lichteinfall, zeigen sich die unerledigten Themen übergroß und sehr scharf.

Karma will jetzt gesehen und erlöst werden – schaue genau hin. Nutze das Feuer der Läuterung des höchsten Lichtengels, des Lichtbringers, erlöse dich selbst, stelle dich ins Feuer der Läuterung, bitte um Gnade, und lass alles Unechte, Unwahre, Manipulierende und Heimliche los – du kommst nicht mehr durch damit. Das Licht ist zu stark und hell geworden, du kannst dich nicht mehr im Schatten verstecken, und das spürst du auch. Unser Karma will gespürt, gesehen und beendet werden, denn im Aufstiegsprozess kommt die Zeit, in der wir frei werden. Echte Freiheit will erarbeitet sein, das heißt, alle Verstrickungen möchten gelöst werden, es zählen nur noch die Klarheit, die Liebe und die Aufrichtigkeit. Das weißt du sowieso.

JETZT ist die Zeit gekommen, in der wir das Karma erlösen und das heißt auch, wir sehen das, was noch nicht gesehen worden ist, weil erst jetzt die Zeit dafür reif ist.

Es kann sein, dass sich das Karma noch einmal austobt, manches muss noch einmal verwirklicht werden, damit wir es sehen – komme in Frieden damit, und lass es gut sein.
Wechsel genau an dieser Stelle die Dimension – wie, das zeige ich dir später.

Das schreibt sich leicht, das weiß ich selbst sehr gut, aber es stimmt trotzdem. Was immer passiert, nimm es als Schlussrechnung, und JETZT darf es gut sein. Wir üben uns mit dir im Erlösen von Karma und im Vergeben.

Verstehst du, auf der menschlichen Ebene, in der Dimension, in der du all das erdulden musst, nutzt dir eine spirituelle Anbindung nicht besonders viel. Sie ist kein Garant gegen Schmerzen und Angst. Sie hilft dabei, zu verstehen, wozu etwas geschieht, und sie kann helfen, in Frieden mit den Dingen zu kommen. Aber sie kann sie nicht verhindern, auch wenn das viele glauben oder zumindest zu hoffen scheinen.

Wir wissen nicht, was das karmische Rad uns noch bringt – wir können aber davon ausgehen, dass wir uns dazu bereit erklärt haben, in diesem Leben alle karmischen Kreise zu schließen. Wenn es sich anfühlt, als käme ein Schicksalsschlag nach dem anderen, dann ist das einfach das Klirren der Gewichte in den Waagschalen des Karma – Kreis um Kreis schließt sich, weil wir das in diesem Leben so gewählt haben. Der Aufstiegsprozess erfordert geklärtes Karma, damit wir aus dem Rad der Inkarnationen aussteigen können. Alle Unstimmigkeiten, die du je verursacht oder erfahren hast, um bestimmte Erfahrungen zu machen, gleichen sich in diesem Leben aus – teilweise sehr dramatisch. Es braucht immer wieder unser Ja zu dem, was ist, damit wir die geistigen Gesetze dahinter verstehen können.

Um weiterzumachen, trotz all der Schmerzen wieder aufzustehen und weiterzugehen, eben nicht in die geistige Dimension zu wechseln und die irdische Welt zumindest zu großen Teilen zu verlassen, sondern voll und ganz auf Erden anwesend zu bleiben und weiterzuatmen, aus tiefster Lunge und vollstem Herzen, auch wenn es wehtut – um weiterzumachen, brauchen wir Kraft. Es gibt eine zutiefst irdische Überlebenskraft, einen Lebensmut, der – egal was es ihn kostet – immer weiter wirkt. Tiere haben diesen Überlebenswillen und diesen Lebensmut, es ist nicht zu fassen, was sie alles auf sich nehmen, um weiterzuleben und das Leben weiterzugeben. Wie bewusst sie das tun, ist gar nicht wichtig, es geht um die reine Überlebensenergie. Wenn wir uns die Evolution anschauen, dann ist es beinah unfassbar, was das Leben alles auf sich nimmt, um sich durchzusetzen. Unter den widrigsten Umständen gedeiht immer noch Leben. Menschen, Tiere und Pflanzen machen immer weiter, egal wie schwer die Umstände auch sein mögen, und sie tun es mit voller Kraft. Es muss sehr viel geschehen, bis zum Beispiel ein Tier wirklich aufgibt.

Diesen Mut zum Leben bitten wir nun zu uns und in unser System. Er ist roher, wilder und körperlicher als unsere geistige Anbindung, er wirkt im Wurzelchakra und setzt genau die Aggressionen frei, die wir brauchen, um dem Leben die Stirn zu bieten und weiterzumachen.

Die Geistige Welt sagt dazu:

Lebensmut ist eine Energie, die euch die Erde zur Verfügung stellen kann. Wir senden euch Licht, Liebe, Bewusstsein, Klar-

heit, Freude und Fülle – aber der Mut zum Leben, Durchhaltevermögen und Tatkraft sind Energien der Erde. Die Erdengel, Krafttiere, die Naturwesen und die Lebewesen der Erde sind die Hüter dieser Kraft. Stellt euch vor, es gäbe irgendwo auf der Welt einen Kraftplatz, der aus dem Herzen der Erde gespeist wird und der nur für euch bestimmt ist. Macht euch bewusst, dass ihr Mut braucht, und nehmt unsere bedingungslose Hochachtung an. Ihr seid schon deshalb Gewinner, wertvoll und voll und ganz gesegnet, weil ihr es auf euch genommen habt, diesen irdischen Weg zu gehen. Wir wissen, was er euch kostet, und wir sind bei euch. Die Kraft aber, durchzuhalten, den Mut, euren Weg immer weiter zu gehen, egal was er euch auch kosten mag, diese Energie bekommt ihr aus dem Herzen der Erde.

Die Erde lässt mich dazu Folgendes schreiben (die Engel kommen hier nicht weiter, die Erde schaltet sich ein und gibt mir weitere Informationen):

Ich bin kraftvoll, kompromisslos, feurig, stabil, erdig und voller Leben. Ich frage nicht, ich handle. Ich brauche keine Erlaubnis, ich BIN. Ich bin, weil ich bin, weil ich geschaffen wurde, bin ich. Du brauchst keine Erlaubnis, um deine Energie in die Tat umzusetzen, du hast die Erlaubnis, weil du geschaffen wurdest. Meine besondere Kraft, die mich durchhalten lässt, ist mein Wissen darüber, dass ich bin. Ich brauche nicht »durchzuhalten«, weil ich nicht aufgebe, ich bin einfach, und ich erschaffe. Nicht der leiseste

Zweifel an meiner Daseinsberechtigung trübt mich, ich bin reine, pure Lebenskraft, zu einhundert Prozent präsent. Ich bin, weil ich geschaffen wurde, weil ich existiere, bin ich und darf ich sein. Das Wort »darf« existiert nicht in meinem Bewusstsein, ich bin Lebenskraft, etwas anderes existiert nicht in mir. Ich bin die pure Lebensenergie, ich verwandle Energie in Materie, in Taten, ich erschaffe und zerstöre im Dienst der Schöpfung. Ich habe keinen freien Willen, ich bin einfach. Mein Bewusstsein gibt mir nur einen Impuls: Schöpfe. Wandle geistige Kraft in physische, sichtbare, auf Erden wirksame Energie um.

Ich bin, weil ich geschaffen wurde. Ich stelle euch diese Kraft zur Verfügung, denn das gilt auch für euch. Weil du auf der Erde bist, weil du eine Seele hast oder eine Seele bist (wie es dir lieber ist), weil du BIST, hast du eine Daseinsberechtigung, das Wort ist schon absurd. Du brauchst keine Berechtigung, um zu sein, du bist, und damit bist du ein Teil der Schöpfung. Hättest du keine Berechtigung, hier zu sein, wärst du nicht hier, ganz einfach. Es ist so einfach. Ich gebe dir die Kraft, deine Energie, ohne zu fragen, im Dienste deines Herzens und im Dienst an der Schöpfung in die Tat umzusetzen, ich nehme dir die Zweifel. Du darfst sein, natürlich, denn du bist. Ich denke, also bin ich, sagte einer eurer Philosophen, und ihr braucht diese Erkenntnis. Ich brauche sie nicht. Ich bin, also bin ich.*

Die Kraft der Erde ist wertfrei, sie ist einfach, wie sie ist und unterstützt, was IST. Wir haben uns deshalb von ihr

* René Descartes (»Cogito ergo sum.«)

abgeschnitten, weil wir sie oft genug missbraucht haben. Diese kompromisslose Lebenskraft lässt sich in den Dienst der Liebe, aber auch in den Dienst der Angst und der Kontrolle einspannen.

Wir können nur dann aus ganzem Herzen und voll innerer Überzeugung zu unserem Lebensmut zurückfinden, wenn wir sicher sein können, ihn diesmal im Dienst der Liebe und nur der Liebe einzusetzen. Das aber sollten wir tun, denn sonst stehlen wir uns aus der Verantwortung als schöpferische Wesen. Wir haben das Licht des Himmels, des bewussten Seins, in den Händen, um es in der Erde zu verankern. Wir verankern den Lichtsamen, den Lichtfunken des Bewusstseins, in der Dimension der Materie. Wir verbinden das Körperbewusstsein mit dem Bewusstsein der geistigen Welt. Das können wir nur, wenn wir in beiden Welten voll und ganz wach sind, wenn wir unseren Körper genauso bewusst wahrnehmen wie unsere geistige Präsenz. Weil wir beides sind, spirituelle und körperliche Wesen zugleich, verbinden sich die unterschiedlichen Bewusstseinsaspekte in uns und bilden ein Energiefeld höherer Ordnung.

Weil wir wissen, wie groß die Möglichkeiten des Missbrauchs sind, ziehen wir uns zurück und nehmen unsere Lebensenergie nicht vollständig in Anspruch – dann können wir aber unseren Bewusstseinsfunken nicht verankern!

Hier spielt unsere Absicht die entscheidende Rolle: Wenn wir nicht vollkommen sicher sind, dass wir alles, aber auch alles tun werden, um im Dienst der Liebe und im Dienst am Leben zu stehen, dann werden wir uns selbst nicht mehr erlauben, wirklich präsent zu sein, dann werden wir uns selbst den Zugang zur unermesslich lebendigen Erdkraft, zu unserer eigenen Schöpferenergie, zu unserem Mut, wahrhaftig und mit ganzem Herzen auf der Erde zu leben, verwehren.

Unterschätzen wir nicht unsere Angst, die Energien (wieder) zu missbrauchen. Wir sind gekommen, um das Licht des Bewusstseins in der Materie zu verankern und haben einige Scherben verursacht – im Dienst der Bewusstwerdung. Der Engel, der Retter, der Hüter des Lebens in uns und unser inneres Kind sind dadurch zutiefst geschockt und traumatisiert.
Wir wollen unter keinen Umständen mehr Schaden anrichten, also tun wir lieber gar nichts und versetzen uns selbst in eine Art Wachkoma.

Dazu eine Information aus der Geistigen Welt:

Weil viele Menschen oft nicht fühlen, welch große spirituelle Aufgabe sie haben, weil sie zwar schon viele Erfahrungen gemacht haben, aber wenig ausrichten konnten, fühlen sie sich oft unzulänglich und schuldig. Viele Seelen haben auf der Erde ganz bewusst ihre Erfahrungen gemacht, sind teilweise auch sehr entmutigt und verletzt worden, haben aber das Licht gehalten. Dies waren die Hohepriesterinnen und Hohepriester, die Druiden, die Heiligen und all diejenigen, die das Wissen immer wieder weitergegeben und bewahrt haben. Diese Menschen wissen um ihre Aufgabe, auch und gerade jetzt. Einige von euch hingegen hielten das Licht nicht aktiv hoch, sondern agierten am Rande, versteckt, schauten zu. Teilweise stürzten sie selbst die Heiligtümer in den Abgrund, zerstörten das Licht, nagelten Jesus ans Kreuz und sorgten dafür, dass das sichtbare Licht auf Erden verschwand – sie spielten eine wichtige, ja, die entscheidende Rolle im Bewusstwerdungsprozess. Weil sie das Licht zu stürzen versuchten, mussten wir den langen Weg der Bewusstwerdung, der bewussten Liebe gehen, und genau das war es, was wir vereinbart hatten. Viele Menschen sind hier, um das Licht, das sie selbst in den Untergrund verbannt haben, zurückzuholen. Sie bilden die Brücke zwischen dem höchsten Bewusstsein und dem tiefsten Abgrund, die Brücke zwischen Luzifer und Gott, die Brücke zwischen Leben und Tod. Die bereits bewussten Menschen, die den langen Weg des Erwachens gegangen sind oder gerade gehen, halten das Licht und sind dabei, es sichtbar auf der Erde in die Tat umsetzen, einfach so, ganz selbstverständlich.

Viele von denen, die gerade erwachen, kennen das Dunkle, sie waren dort. Sie haben es unterstützt und gerufen. Sie haben die Erde ins Leid gestürzt – damit wir den Weg der Bewusstwerdung überhaupt gehen konnten. Diese Menschen fühlen sich schuldig, verschmutzt und unwürdig, verzichten oft auf ein erfülltes Le-

ben, haben zu wenig Geld, vegetieren am Rande, weil sie sich mit all ihrer Schuld nicht ins Licht, nicht ins Leben trauen.

Kommt und zeigt euch. Wir brauchen euch. Gebt uns die Gelegenheit, euch in Liebe ins Leben zurückzurufen und die Dinge hinter uns zu lassen, gebt uns die Gelegenheit, das Licht, das wir die ganze Zeit halten, wirken zu lassen. Gebt uns die Gelegenheit, die Dunkelheit wirklich zu erhellen. Solange wir das Licht nur halten, tut sich nicht viel. Erst wenn wir die Dunkelheit damit erhellen, wird es wirksam. Um das Licht auf der Erde zu aktivieren, braucht es gerade euch, euch mit Scham erfüllte, sich schuldig fühlende Menschen, denn es ist gerade eure vermeintliche Schuld, die dazu führt, dass wir das Licht endlich anwenden können. Wenn wir im Kollektiv in Frieden kommen mit dem, was uns die Dunkelheit zugemutet hat, wenn wir (im übertragenen Sinne, aber auch ganz direkt) demjenigen, der den Befehl gegeben hat, Jesus ans Kreuz zu nageln, das Licht des Bewusstseins weiterreichen, dann wird alles gut. Wenn ihr demjenigen, der euch aus dem Tempel getrieben hat, eure Liebe schenkt und ihm das Leben weiterreicht, ihn zurück ins Licht holt, dann wird es gut.

Viele der jetzt erwachenden Menschen sind die Brücke zwischen dem gehaltenen Licht und der Verwirklichung des Lichtes. Sie sind die Hüter der Schwelle. Es ist leicht, das Licht im Verborgenen zu halten und auf den richtigen Zeitpunkt zu warten. Anstrengend vielleicht, aber möglich. Das Licht aber demjenigen zu reichen, der uns in den Untergrund gezwungen hat, damit er es nun seinerseits weitergibt, erfordert sehr viel Mut und Vertrauen.

Wir brauchen euch, gerade euch. Zeigt euch mit eurer Schuld, eurer Scham, eurem Leid, damit endlich Heilung geschehen kann. Wir brauchen euch, um das Licht in die Anwendung zu bringen, durch euch wird es aktiviert. Eure Schuld, die Schuld, die ihr auf euch genommen habt, die ihr euch selbst zugemutet habt, ist der Schlüssel zur Aktivierung des Lichtes auf der Erde.

Wenn wir demjenigen, der uns aus den Tempeln der Liebe getrieben hat, die Fackel reichen, wenn wir uns vor seinem Weg verneigen und seinem Dienst an der Schöpfung unseren Respekt und unsere Hochachtung, unsere Liebe erweisen und zeigen, dann wird das Licht sichtbar und fühlbar wirken.

Diese Zeit ist gekommen.

Wache auf. Vertraue deinem Herzen. Vertraue deinen Absichten und verpflichte dich vor dir selbst, im Dienst am Leben zu handeln und die halbherzigen Kompromisse wie Spinnweben zu beseitigen. Dann hast du die innere Erlaubnis, das Leben in all seiner Kraft wieder anzunehmen, dann findest du ganz leicht die Tatkraft wieder, den Mut, die Liebe, die du brauchst, um mit beiden Füßen und deinem Herzen zugleich fest auf der Erde zu stehen.

Übung

Der Kreis der Kraft

Gehe in die Natur, bitte die Natur, dir zu zeigen, was du brauchst, um voll und ganz in deine physische Überlebenskraft zu kommen. Stelle dir vor, du durchschreitest ein Tor zur Anderswelt und unternimm während eines Spaziergangs eine schamanische Reise. Sammle alles, was dir auffällt, falls es erlaubt ist, es mitzunehmen und wenn es sich richtig anfühlt. Natürlich reißt du keine Pflanzen und Tiere aus ihren natürlichen Lebensräumen heraus. Öffne dich für die Geschenke der Natur – dann lege zu Hause einen Kreis damit, groß genug, um darin tanzen zu können. Lege eine für dich kraftvolle Musik auf. Atme, stelle dich in deinen Kreis. Das ist eine Kriegerreise, du willst etwas, nämlich deine Kraft. Atme den Feueratem – zweimal rasch durch die Nase ein, einmal durch den Mund aus – »Ha!« – und beginne zu tanzen, rufe beim Tanzen deine Kraft zurück. Die Energie der Erde, der Objekte, die du gesammelt hast, strömt in dich ein, wenn du dich aus deiner gewohnten Komfortzone herausbewegst, wenn du dich also weiter öffnest, als du das üblicherweise tust. Tanze, schüttle dich, stöhne, lache und weine, und rufe deine Kraft zurück. Vielleicht begegnet dir dein Krafttier, vielleicht die Magierin oder der Magier, die oder der du bist, vielleicht etwas ganz anderes. Schüttle dich wach, schüttle und atme dich selbst ins Leben.

Irgendwann kommst du zur Ruhe, setzt dich in deinen Kreis und lässt die Energie Raum in dir einnehmen.

Schamanen bauen aus den gefundenen Kraftgegenständen eine Maske, setzen sie auf und tanzen diese Kraft. Eine solche Maske will ich dir nicht anbieten, sie ist sehr speziell. Aber den Kreis der Kraft darfst du dich schon trauen zu legen – etwas müssen wir den Spirits anbieten, etwas dürfen wir von uns geben, damit wir etwas bekommen. Gib deinen Atem, gib deinen Mut, und verlasse deine Bequemlichkeitszone. Das Leben wird antworten, denn es antwortet immer, wenn wir ihm Raum geben.

Die Würde des Menschen ist unantastbar

… sagt das Grundgesetz. Es bedeutet, dass deine Würde niemals durch einen anderen verletzt und berührt werden kann und darf.

Aber was ist mit dir? Wie gehst du mit deiner Würde um? Deine gefühlte Würde ist ein sehr zerbrechliches Gut. Du selbst kannst deine Würde durchaus zerstören. Du kennst das: Immer wenn du dich in deinen eigenen Augen unwürdig verhältst – und das kann ganz leicht passieren – zahlst du einen hohen Preis: Dein Selbstwertgefühl sinkt. Und zwar zu Recht. »Spinnt sie jetzt?«, magst du dich fragen, aber machen wir uns nichts vor: Wenn wir uns nicht wertvoll verhalten, dann können wir uns auch nicht wertvoll fühlen.

Wenn wir uns selbst lieben lernen wollen, dann haben wir gleich zwei Herausforderungen zu meistern:
Unsere Qualität als Liebende ist gefragt: Kannst du überhaupt lieben, bedingungslos und aus ganzem Herzen? Und: Hältst du dich selbst für liebenswert? Bist du ein Mensch, der sich im Spiegel anschauen kann und seine Qualitäten, sein Bemühen um Aufrichtigkeit, Klarheit und Güte erkennt und anerkennt? Oder hältst du dich in Wahrheit für einen Heuchler, der, wenn er einmal enttarnt werden würde, ziemlich allein dastünde?

Das Problem mit der Selbstliebe ist, dass wir sie an einen Menschen verschenken sollen, den wir ziemlich gut kennen und dessen Schattenseiten uns äußerst vertraut sind.

Die gnädige rosa Brille fehlt hier völlig. Wir sehen uns meistens sogar negativ verzerrt, außer wir haben ein großes Ego, das sich aufbläst und Großartigkeit vortäuscht. Großartigkeit im Sinne des Egos hat aber nichts damit zu tun, ob du liebenswert bist oder nicht.

Bist du liebenswert? Bist du der Meinung, du hast es verdient, geliebt zu werden, so, wie du bist, bedingungslos? Und bist du in der Lage, einen Menschen bedingungslos zu lieben, der älter ist als drei Jahre?

Natürlich ist es leichter, andere zu lieben als sich selbst – den anderen kennen wir nicht wirklich, und er zeigt uns nur das, was wir sehen sollen. Klingt das manipulativ? Das meinte ich nicht. Wir sehen im anderen das, was er verwirklicht, was er tut, wir erleben, wie er uns begegnet und unterscheiden dann in »für mich liebenswert« und »mag ich nicht besonders«. Nun, wir selbst bestehen meistens aus liebenswerten und noch entwicklungsfähigen Aspekten. Hältst du dich wirklich für liebenswert, bist du in der Lage, so großmütig und liebend zu sein, dass du dich über alles hinwegsetzt, was du an dir selbst nicht magst, vielleicht sogar zu Recht nicht magst? Verstehst du, wir sind auf dem Weg, uns zu entfalten, aber wir erkennen natürlich immer deutlicher, worin unsere Schatten ihren Ausdruck finden – und diese Bereiche sind meistens nicht besonders liebenswert. Würdest du jemanden lieben, der sich so verhält, wie du das oft tust? Klingt das provokant? Das ist nicht meine Absicht. Ich möchte dir zeigen, wie schwierig diese Aufgabe ist, und wie sehr sie meistens unterschätzt wird. Sich selbst zu lieben bedeutet nichts anderes, als zu lernen, wahrhaft bedingungslos lieben zu können, obwohl und gerade weil du die Schattenseiten desjenigen, den du lieben möchtest, auf das Genaueste kennst, meistens sogar besser als die lichtvollen Aspekte. Wir müssen, wenn wir uns selbst lieben wollen, den Weg der Selbsterkenntnis gehen, denn wie jede andere Beziehung braucht auch die Liebesbeziehung zu dir selbst Zeit und Vertrauen. Es ist ein verrückt hoher Anspruch, den viele an sich stellen:

Sich selbst lieben – als wärst du überhaupt der Meinung, dass du liebenswert bist, oder? Wie sollst du jemanden lieben, der sich selbst nicht für liebenswert hält und diese Liebe dann auch nicht annehmen wird? Und wie sollst du jemanden bedingungslos lieben, wenn du selbst nie bedingungslos geliebt worden bist, diese Energie also niemals erfahren hast? Wir brauchen Hilfe, wir sind in jeder Hinsicht im Mangel, wir halten uns weder für wirklich liebenswert noch sind wir in der Lage, wahrhaft bedingungslos zu lieben, kann das nicht sein?
Wir dürfen also auf der einen Seite lernen, jemanden wirklich zu lieben, aus vollem Herzen. Und wir dürfen lernen, uns so zu verhalten, dass wir wirklich liebenswert sind,

dass wir unserem eigenen (angemessenen) Urteil standhalten. Das, was du bei anderen nicht akzeptierst, wirst du bei dir selbst erst recht nicht gutheißen, nicht wirklich, egal wie groß deine Kapazität der Verdrängung auch sein mag. Dein Innerstes und dein Herz sind unbestechlich. Verstehst du, wenn du dich selbst lieben willst, dann nerve dich bitte nicht immer wieder selbst!

Würdest du gerne eine Beziehung mit jemandem führen, der dich belügt, der dich in schwierige Situationen bringt, der dir immer wieder das kaputt macht, was du mühsam aufgebaut hast, der dich daran hindert, deine Träume zu verwirklichen, indem er mit langweiligen, fadenscheinigen Argumenten über seine Angst vor Veränderungen hinwegtäuschen will? Würdest du eine Beziehung mit jemandem führen, dem du nicht vertrauen kannst, der dich in Beziehungen verharren lässt, die dir schaden, der dein hart verdientes Geld für Unsinn ausgibt? Würdest du jemanden lieben, der dir Drogen gibt, der dich mit ungesundem Essen füttert und der immer wieder versucht, dich dazu zu bringen, in der selbst gewählten und längst zu eng gewordenen Komfortzone zu bleiben?

Würdest du also einen echten Klotz am Bein lieben, oder würdest du nicht alles daransetzen, diese Beziehung zu beenden, und zwar zu Recht?
Nun, was also geschieht, wenn dieser Klotz am Bein du selbst bist? Klingt das gemein? Nein, natürlich nicht, es ist einfach so, oder? Es ist leicht, sich selbst zu lieben, wenn

man sich unterstützt, für sich da ist, sich vertrauen kann und gut für sich sorgt.

Selbstliebe ist nicht die Voraussetzung dafür, gut für sich zu sorgen, sondern die Folge davon!

Du lernst, jemanden zu lieben, wenn er dir guttut, wenn du ihm vertrauen kannst und wenn du spürst, du kannst dich auf ihn verlassen. Du verstehst, was ich meine. Wie sollst du dich selbst lieben, wenn du, falls das möglich wäre, einen großen Bogen um dich herum machen würdest, weil du dir schadest? Weil du dir mit schädigenden Beziehungen, schädlichen Angewohnheiten, mit kleinen oder größeren Selbstbetrügereien und einer großen Portion Verleugnung immer wieder selbst im Wege stehst?

Bitte verstehe, dass die Voraussetzung für Selbstliebe ein liebevoller, freundschaftlicher und unterstützender, Mut machender Umgang mit dir selbst ist. Du brauchst jemanden nicht innig zu lieben, um liebevoll und großmütig mit ihm umzugehen, es ist eine innere Haltung, die nichts mit einer bestimmten Person zu tun hat.

Sei liebevoll und großmütig – verwechsle Großmütigkeit aber bitte nicht damit, dass du dir alles durchgehen lässt!

»Ich liebe mich selbst, also gönne ich mir jetzt diese Tafel Schokolade, obwohl ich abnehmen möchte oder weiß, dass

Zucker meinem Körper und meinen Emotionen schadet; dieses Kleid, obwohl ich gar kein Geld dafür habe; die Auszeit, obwohl ich Abgabetermine habe; diesen Sex, obwohl ich weiß, der emotionale Preis wird unangemessen hoch sein« – was soll denn das? Ist das Selbstliebe? Würdest du deiner besten Freundin raten, die Schokolade ruhig zu essen (und mit Schokolade meine ich alles, was dir in diesem Moment nicht wirklich guttut, es ist also nur ein Beispiel, iss von mir aus gerne so viel Schokolade, wie du willst ...), während sie eine Diät macht oder gar unter Diabetes leidet? Wärest du dann eine gute Freundin? Solltest du ihr nicht lieber Mut und Kraft, Durchhaltevermögen und Trost spenden? Und sie loben, weil sie der Versuchung standgehalten hat?

Welche Art Eltern wärest du, wenn du deinem Kind raten würdest, ruhig an einem ungeliebten Arbeitsplatz zu bleiben, weil es Angst vor einer Veränderung hat? Wenn du ihm raten würdest, gelassen den Kopf in den Sand zu stecken und die Rechnungen nicht zu öffnen, über seine eigenen Verhältnisse zu leben, keine Ausbildung zu machen, nicht mit Geld umgehen zu lernen, sich selbst immer wieder durch Zögern oder Hadern zu lähmen, ohne etwas dagegen zu tun und sich die Angst anzuschauen? Wenn du ihm erlauben würdest, sich immer wieder zu bremsen, weil es glaubt, sowieso keine Zukunft zu haben, wenn es den inneren Zustand der Entmutigung von nun an als Ausrede nutzt?

Was ist denn das für ein Rat? Wie solltest du dich selbst lieben, wenn du dir selbst gar nicht guttust, dich selbst schlecht berätst und ausbeutest, dich mit angsterfüllten Gedanken quälst? Jeder vernünftige Mensch würde dir ans Herz legen, diese Beziehung auf der Stelle zu beenden!

Es braucht Impulse aus einer höheren Frequenz. Allein kommen wir hier nicht weiter. Wir sind multidimensionale Wesen, wir haben ein inneres Kind, eine innere Mutter, einen inneren Vater, ein Ego, eine Seele, einen Körper und was noch alles – ein kompliziertes Beziehungsgeflecht, fast eine Großfamilie. Wer soll wen lieben und warum? Wenn sich einer wie ein Elefant im Porzellanladen verhält, wird er dann noch einmal eingeladen? Verstehst du das Problem der Selbstliebe?

Schluss mit den Verwirrungen, ich habe es weiter oben schon geschrieben: Wir brauchen einen Zustand der Liebe, einen gefühlten und in Wort und Tat verwirklichten energetischen Raum der Liebe, in dem wir uns befinden und von dem aus wir handeln.

Die folgende Meditation findest du im *Buch Meditationen zur Selbstliebe* und auf der gleichnamigen CD*, aber ich halte sie für so wesentlich, dass ich sie hier noch einmal anbiete.

---

* Hühn, Susanne: *Meditationen zur Selbstliebe.* Audio-CD. Darmstadt 2010.

Meditation

Der Raum der Selbstliebe

Lass los, es gibt nichts mehr zu tun, entspanne dich, und erlaube auch deinem Körper, zur Ruhe zu kommen. Dein Gesicht entspannt sich, dein Nacken und deine Wirbelsäule werden locker und frei, deine Beine liegen schwer auf der Unterlage. Mehr und mehr kommst du zur Ruhe.

Stelle dir bitte ein Tor vor, ein Tor in eine andere Welt, ein Tor, das dich in einen ganz besonderen Raum führt. Du kennst diesen Raum vielleicht noch nicht, aber du entscheidest dich, durch das Tor hindurchzuschreiten. Vielleicht bist du begleitet von deinem Krafttier oder deinem Schutzgeist, vielleicht bist du auch allein, es ist gut so, wie es ist. Du durchschreitest also dieses Tor und befindest dich auf einmal in einem energetischen Raum – einer Kapelle, einer Naturlandschaft oder einfach einem Kraftfeld –, und du weißt, du befindest dich mitten in deinem eigenen Herzen. Es ist jener Teil deines Herzens, in dem deine Selbstliebe ganz selbstverständlich aktiviert ist und fließt. Es gibt nichts zu tun in diesem Raum, hier bist du im Energiefeld deiner Selbstliebe, es ist alles da. Du brauchst dich nur auszuruhen und diese immense Kraft anzunehmen. Es gibt in diesem Raum einen ganz besonders hell leuchtenden Strahl, einen Kristall, ein Feuer oder ein Licht. Du gehst achtsam darauf zu, so weit, wie es sich für dich gut anfühlt. Möglicherweise ist es für heute ein wenig zu stark, dann halte dich am Rande auf, es kann aber auch sein, dass du so schnell wie möglich mitten hineintreten möchtest. Dann tritt ein in das Feuer, in das Licht, verbinde dich mit dem Kristall, oder verschmilz mit ihm, so, wie es für dich richtig ist. Lass dich voll und ganz von der Kraft deiner Selbstliebe durchströmen, deinen Emotionalkörper, deine Gedanken und auch deinen physischen Körper. Sie alle brauchen dringend die Frequenz deiner Selbstliebe. Während du in dem Strahl stehst, kannst du dich voll und ganz sein lassen, wie du bist, du kannst dich voller Liebe und Klarheit selbst erkennen. Gerade weil du dich voller Liebe selbst erkennen kannst, wird dir nun auch klar, in welchen Bereichen deines Lebens du dich dir selbst gegenüber noch ein wenig netter und verantwortungsbewusster verhalten kannst. Dir wird klar, wo du die Beziehung zu dir selbst noch ein wenig liebevoller gestalten darfst. Es können vollkommen pragmatische Dinge wie deine Ernährung oder die Farben deiner Kleidung sein, vielleicht aber brauchst du eine umfassend andere Sichtweise dir selbst gegenüber. In diesem Raum weißt du genau, was zu tun und zu lassen ist. Du lässt alle Ideen darüber, wie du sein solltest und was richtig und falsch sein könnte, los, du erlaubst deiner Selbstliebe voll und ganz, dir zu zeigen, was für dich – und nur für dich – richtig ist, auch wenn es für jeden anderen Menschen dieses Planeten anders sein könnte. Es ist, wie es ist, und in diesem Raum der Selbstliebe geschieht die Veränderung von ganz allein. Es gibt nichts zu tun, die Liebe ist schon da, du erlaubst ihr einfach nur, zu wirken. Liebe ist die stärkste Kraft im Universum, denn sie spiegelt die göttliche Ordnung. So erlaube nun, dass du erkennst, auf welche Weise dein Leben in Ordnung gebracht werden will und was es für dich dabei zu tun oder zu lassen gibt. Denke an eine schwierige Situation deines Lebens und sieh sie mit den Augen der Selbstliebe – sofort erkennst du, auf welche Weise diese Liebe in die Tat umgesetzt werden will und kann. Es mag sein, dass dich das sehr viel Kraft kostet, und sicher musst du deine Angst oder deine Scham überwinden. Aber der Strahl der Selbstliebe trägt dich darüber hinweg. In diesem Strahl der Selbstliebe schöpfst du die Kraft, die Veränderungen in die Tat umzusetzen, und du versprichst dir selbst, für dich da zu sein und zu tun, was dir dein Herz nahelegt.

Bleibe in diesem Raum, erhole dich, schöpfe Kraft, so lange du willst. Wenn du einschlafen möchtest, dann tue das. Du wirst mit deiner Aufmerksamkeit ganz von allein in der für dich stimmigen Zeit wieder zurückkommen. Den Raum deiner Selbstliebe kannst du jederzeit aufsuchen, das kann ganz rasch gehen. Stelle dir nur das Tor vor, und tritt hindurch – vielleicht sogar mit einem richtigen, physisch ausgeführten Schritt. Sofort bist du im Raum der Selbstliebe und kannst von hier aus fühlen, erkennen und agieren.

Klarheit und innere Freiheit

Um dir selbst zur Seite zu stehen, ist es wichtig, dass du sagen kannst, was du willst und was du nicht willst. Natürlich haben wir alle Angst vor den Konsequenzen, denn wenn du sagst, was du fühlst, denkst und willst, wirst du damit sichtbar, und der andere muss reagieren. Solange du »im eigenen Saft« schmorst, grollst du zwar vielleicht vor dich hin, bist aber noch nicht mit dem anderen in Kontakt. Du kannst dich noch drücken, die Hintertür steht sperrangelweit offen. Wenn du die Dinge aussprichst, manifestierst du sie. »Am Anfang war das Wort« – und weil wir wissen, welche Macht das Wort hat, verstummen wir oft lieber, anstatt uns dem auszusetzen, was dann auf uns zukommen würde. Wir bleiben lieber Opfer.

Wenn du redest, schöpfst du, denn du veränderst die Wirklichkeit, die wirksame Energie, du veränderst die Wechselwirkung mit anderen. Das ist ein zutiefst beängstigender Vorgang und du spürst, dass du von nun an verantwortlich bist, denn du hast die Dinge ins Rollen gebracht. Schöpfer sind immer verantwortlich, aber sie kreieren dennoch. Natürlich haben auch Schöpfer Angst, verlassen zu werden, abgelehnt zu werden, ein »Nein« zu kassieren oder gar ein »Ja« … Schöpfer haben aber den Mut, es trotzdem zu tun. Der erste Schritt ist natürlich, überhaupt zu spüren und dir einzugestehen, was du willst.

Warum tun wir uns damit oft so schwer? Weil wir nicht wissen, wie wir es verwirklichen können, weil wir andere nicht verletzen wollen, weil wir Angst haben, alles zu verlieren, wenn wir unseren Energien wirklich freien Lauf lassen, weil wir nicht wissen, ob es uns überhaupt »zusteht«, weil wir unseren eigenen Wünschen misstrauen, denn wir wollen nichts mehr falsch machen, uns nicht mehr selbst im Weg herumstehen. Wir wollen unserer Bestimmung und der höchsten Ordnung folgen und wissen nicht, ob das, was wir wollen, fühlen und innerlich erleben, stimmt oder nur Wunschdenken, Einbildung oder Vermeidungsverhalten darstellt. Wir haben es uns gründlich abtrainiert zu erkennen, was wir brauchen und was uns guttut, aber es gibt eine gute Nachricht:

Es ist unser natürlicher Zustand zu wissen, was wir brauchen, deshalb ist der Weg zurück ganz einfach. Wir müssen ihn nur gehen.

Und hier ist unser Drama: Wir haben unsere Leben so kompliziert aufgebaut, müssen so viel Geld verdienen, um die Dinge am Laufen zu halten, haben unsere Berufe, unsere Familien, Kinder, Hunde, Katzen, Häuser, Eltern, die wir pflegen, und was noch alles – wir müssen funktionieren. Wann sollen wir denn bitte die Beziehung zu uns selbst pflegen, herausfinden, was wir wollen – geschweige denn, es dann auch in die Tat umsetzen? Ist das nicht purer Luxus?

Wie können wir gut für uns sorgen, sagen, was wir wollen,

und entsprechend handeln, wenn dann alles Gefahr läuft, zusammenzubrechen? Wenn unser Leben darauf aufgebaut ist, dass wir reibungslos funktionieren (und das ist es spätestens, wenn du eigene Kinder hast), was soll dann dieser Text? Wozu solltest du in Kontakt mit deinen Wünschen sein, wenn du deren Erfüllung sowieso auf unbestimmte Zeit nach hinten schieben musst?

Nehmen wir zum Beispiel die sexuelle Kraft: Wie kannst du es wagen, deine sexuellen Energien und Wünsche kennenzulernen, wenn du befürchten musst, damit deine Beziehung zu gefährden? Kannst du darauf vertrauen, dass die höchste Ordnung weiß, was sie tut und das bewahrt, was du liebst und was dich trägt? Natürlich nicht. Zu groß waren die Opfer, die du bereits bringen musstest.

Wir haben ein Problem, weil wir viel zu wenig Zeit für uns selbst haben, zu wenig Geld verdienen, in zu engen Beziehungen leben oder uns sehnlich eine Beziehung wünschen, aber niemanden kennenlernen, der passen könnte. Und was ist sonst neu? Was können wir tun, wie befreien wir uns aus dieser Falle, die uns alle Lebensenergie raubt? Wie können wir uns selbst lieben, wenn wir gar keinen Raum für das haben, was wir wirklich wollen? Wenn ich dir jetzt sage: Gehe kleine Schritte, schaue, was du HEUTE für dich tun kannst, willst du das hören? Das nervt auch nur noch, oder? Irgendwie stimmt alles nicht mehr so richtig, es geht nicht nur um eine kleine Schönheitsoperation an deinem Leben. Das ganze Konzept wackelt, denn es ist, als zahltest du mit deinen Träumen und dem, was du wirklich willst, für das, was du hast.

Und warum tun wir das? Weil es scheinbar eben so ist. Weil wir Angst haben, weil wir in einem System leben, das uns Sicherheit vermittelt (ich schreibe bewusst nicht »vorgaukelt«, denn wir sind in diesem Teil der Welt in größtmöglicher Sicherheit) – aber diese Sicherheit spiegelt eben nicht das Leben, denn sie macht uns unfrei. Wir zahlen einen zu hohen Preis dafür. Die Sicherheiten, die wir uns aufbauen – seien es Rentenversicherungen, feste Arbeitsplätze, stabile Häuser, Ehen und unser soziales Netz – sind nicht das, was uns wirklich trägt, denn all das kann uns sehr leicht abhandenkommen. Ein kleiner Tsunami … und alles ist weg. Ein Hurrikan – ein Erdbeben – eine Eiszeit – eine Krankheit – das war's. Unsere Sicherheit ist geborgt, und damit ist sie nicht wirklich sicher. Wir tanzen auf einem Vulkan, und weil wir das wissen, zerfrisst uns insgeheim die Angst. Wir strengen uns noch mehr an, sichern uns noch mehr ab, verbiegen uns, sagen nicht, was wir wollen, und knapsen uns die Lebensversicherung vom Munde ab. Ich rate dir bei Gott nicht, das alles sein zu lassen. Es gibt dir nur nicht das, was du wirklich brauchst, deshalb ist es zwar eine Art Bollwerk gegen die Angst – mehr aber auch nicht. Mit echter Freiheit hat das nichts zu tun.

Echte Freiheit meint, morgens aufzuwachen und die eigenen Energien zu spüren, zu erkennen, wohin das Leben dich heute ruft – und dem zu folgen.

Ich weiß, das ist eine Utopie, und wenn du sehr eingespannt bist, dann bist du jetzt zu Recht ein wenig ungehalten. Ich weiß, dass es so einfach nicht ist. Ich lebe auch hier, auf Erden, und habe eine Menge Verpflichtungen jeder Art.

Wie also entkommen wir der Sicherheitsfalle? Denn es ist der Wunsch nach Sicherheit, der uns daran hindert, zu sagen, was wir wirklich wollen. Wir haben Angst, dass wir dann das, was wir haben, aufs Spiel setzen und am Ende mit leeren Händen dastehen. Wir haben uns selbst bis zur Handlungsunfähigkeit domestiziert.

Vor ein paar Monaten sollte ich für eine Freundin zwei Katzen, die es gewohnt waren, frei herumzulaufen, nach Marokko verschicken. Sie ist dort hingezogen und wollte ihre Katzen nachkommen lassen. Ich habe selbst einige Katzen, sie leben im Haus und in einem sehr großen Gehege. Ich lasse sie nicht raus, weil meine erste Katze überfahren wurde und ich das wirklich nicht noch mal mitmachen will, außerdem sind es Rassekatzen – genug der Rechtfertigung, es gefällt mir selbst nicht besonders, aber so ist es nun mal. Meine Katzen leben also in diesem riesigen Gehege und fühlen sich dort hoffentlich wohl. Wie sollte ich nun die Katzen meiner Freundin (die auf dem gleichen Grundstück lebten wie wir) einfangen, damit ich sie verschicken konnte? Ich fütterte sie und brachte sie in das Gehege, damit ich sie zur Abflugzeit von dort aus in ihre Transportkisten sperren konnte. Meine Katzen ließ ich im Haus, um Streitigkeiten zu vermeiden.

Nach zwei Stunden wollte ich die beiden freilaufenden Katzen in ihre Boxen sperren – und musste wirklich lachen. Wie in einem Comic sah ich zwei katzenkörperförmige Löcher im Zaun des Geheges, es hätten nur noch die Ohren gefehlt, ein großes und ein kleines. Vollkommen instinktsicher hatten beiden Freigänger die Schwachstellen im Gehege gefunden und sie auf der Stelle ausgenutzt. Ich konnte sie dann doch noch rechtzeitig einfangen (sie kamen bereitwillig und damit wusste ich, dass es okay für sie war) und zum Flughafen bringen, aber es war schon sehr beeindruckend.

Was lernen wir daraus? Meine Katzen hätten schon Wochen, ja Monate vorher das Gehege verlassen können, aber sie waren gar nicht darauf gekommen, nach Schwachstellen zu schauen. Sie haben ihr Gefühl für Freiheit verloren. (Ich wage nicht zu behaupten, sie fühlen sich bei mir so wohl, dass sie gar nicht herauswollen, es sind Katzen, natürlich wollen sie raus.) Die beiden Freigänger dagegen haben bestimmt nicht lange suchen müssen, um den Weg nach draußen zu finden, sie warfen sich einfach gegen den Draht, und weg waren sie.

Wenn du dich also zu lange im Gehege befindest, dann kommst du gar nicht mehr auf die Idee, dass es vielleicht eine andere Möglichkeit gibt … und da stehen wir jetzt vor der Frage: Was gibt uns wirkliche, echte Sicherheit und größtmögliche Freiheit zugleich?

Dazu habe ich schon öfter geschrieben: die Anbindung an unsere Seele und an die Geistige Welt, die Anbindung an das Leben selbst, an das, was die Welt im Innersten zusammenhält – die Anbindung an die höchste Ordnung. Angebunden sind wir sowieso – reden wir also von der BEWUSSTEN Anbindung, denn hier liegt der Schlüssel. Das ist ein mühsamer Weg, sich ganz bewusst anzubinden, aber nicht mühsamer, als sich selbst dauernd in Schach zu halten. Der Weg ist zwar mühsam, aber er ist natürlich, deshalb setzt er immer mehr Lebendigkeit und Lebensfreude frei und sorgt somit für sich selbst.

Ich weiß genau, wie leicht sich das schreibt und wie schwer die Umsetzung ist. Ich habe hier nur mein Papier zur Verfügung, ich kann dich nicht an die Hand nehmen und dir Mut machen, ich habe nur die Worte. Nutzen wir also die Worte.

Die Geistige Welt meint dazu:

Ihr strebt nach Sicherheit, aber die findet ihr nur bei euch selbst. Das Leben ist Ordnung, und je mehr ihr euch dieser Ordnung hingebt, desto leichter und natürlicher fügen sich die Dinge zusammen. Je stärker ihr die Ordnung, die durch euch wirken will (und dazu gehören in erster Linie eure Gefühle und das, was ihr wirklich wollt!), zu kontrollieren versucht, desto mehr Energie müsst ihr aufwenden. Das Schwierige ist, und wir sehen das, dass ihr euch ein System aufgebaut habt, das nicht der natürlichen Ordnung entspricht. Weder die »freie Marktwirtschaft« noch alles andere, was ihr auf Erden verwirklicht, entspricht der höchsten Ordnung, aber wir wissen und sehen auch, dass ihr eine Entwicklungsspirale durchlebt. Ihr lebt in einem geordneten System, das aber nicht der höchsten natürlichen Ordnung entspricht und deshalb mit vielen Gesetzen und Strafen aufrechterhalten werden muss. Das ist so, weil viele Menschen noch auf dem alten Weg des Kampfes wandeln und in einer sehr niedrigen Frequenz leben. Wenn ihr selbst eure Frequenz erhöht, das heißt, wenn ihr selbst den String (als Synonym für deine bewusst gewählte Erlebniswelt) wechselt, in eine andere Wirklichkeit eintretet, dann werdet ihr viel mehr Freiheit und Sicherheit zugleich erleben. Eure Sicherheit hängt von der Realität ab, in der ihr lebt, und diese Realität ist nicht festgeschrieben. Sie ist vielschichtig, und jede Dimension folgt auf ihre Weise der kosmischen Ordnung. Die geistigen Gesetze wirken sich in der fünften Dimension anders aus als in der dritten, genau wie die physikalischen Gesetze im Mikrokosmos anders wirken als im Makrokosmos. Jede Dimension hat ihre eigenen Gesetze, und all diese Gesetze zusammen spiegeln die göttliche oder höchste Ordnung.

Wenn wir davon ausgehen (und es ergibt überhaupt keinen Sinn, NICHT davon auszugehen), dass das Universum ein sich selbst immer wieder neu ordnendes System darstellt – und wenn wir davon ausgehen, dass es verschiedene Dimensionen gibt, Schwingungszustände, die sich alle unterschiedlich anfühlen und unterschiedliche Auswirkung haben, (wie in der Musik, ein Stück in Dur berührt auf eine ganz andere Weise als ein Stück in Moll oder als die 12-Ton-Musik, obwohl die geltenden Gesetze die gleichen sind) –, dann ist der einzige Weg zu mehr Sicherzeit und Freiheit zugleich der Wechsel in die entsprechende Dimension.

Es ist, als würdet ihr in eine Parallelwelt wechseln, die von außen genauso aussieht wie eure herkömmliche Welt, aber anders wirkt und schwingt. Auf einmal bekommt ihr pünktlich euer Geld. Auf einmal findet ihr ganz leicht genau die Wohnung, die ihr schon so lange sucht. Auf einmal begegnet ihr eurem Seelenpartner. Auf einmal bekommt ihr die Gelegenheit, euch beruflich zu verändern oder zu entfalten. Auf einmal gilt nicht entweder/oder, sondern sowohl/als auch.

Warum müsst ihr bewusst den String wechseln? Weil ihr selbst durch all die Bewusstseinsarbeit die Frequenz, in der ihr schwingt, gewechselt habt und deshalb nicht mehr in euer altes Leben hineinpasst. Stellt euch vor, ihr spielt ein bestimmtes Instrument, das für die Art steht, wie ihr fühlt, denkt, handelt – also euer Leben gestaltet. Ihr spielt in einem bestimmten Stück mit, einfach, weil eure Melodie dazu passt, ihr spielt zusammen einen Marsch, eine Sinfonie oder ausdrucksvolle Rockmusik – vollkommen wertfrei. Nun aber seid ihr seit einiger Zeit dabei, neue Töne zu lernen, womöglich sogar das Instrument zu wechseln, ihr denkt und fühlt anders, lernt neue Tonleitern kennen und beginnt zum Beispiel, Harfe oder Klavier zu spielen, braucht größere Ausdrucksmöglichkeiten. Nun passt das Stück nicht mehr! Eure Musik hat sich verändert. Deshalb ist nicht das Stück, das die anderen spielen, auf einmal falsch. Es ist nur nicht mehr euer Stück. Und auf einmal kommt ihr auf die Idee, dass ihr euren bekannten Proberaum verlassen könntet und euch auf die Suche nach dem Raum machen solltet, in dem ihr fehlt. Wenn ihr auf die Idee kommt, nach dem Orchester zu suchen, zu dem eure neue Melodie und euer neues Instrument passen, habt ihr schon einen riesigen Schritt gemacht – ihr habt erkannt, dass es verschiedene Orchester gibt, die alle gleichzeitig auf der Erde existieren. Ihr könnt tatsächlich auf der Erde leben und vollkommen andere Gesetze verwirklichen als euer Nachbar. Ihr müsst dennoch Steuern zahlen, bei Rot an Kreuzungen stehen bleiben und all das – aber es fühlt sich anders an, es ist nicht mehr wesentlich und schränkt euch nicht ein, es ist einfach nur eine Spielregel, die ihr einhaltet, die euch aber nichts von eurer Freiheit nimmt. Es fühlt sich anders an. Ihr funktioniert noch genauso, keine Sorge, vielleicht sogar viel bereitwilliger, weil ihr nicht mehr dauernd hadert. Aber euer Fokus hat sich entscheidend verschoben, ihr schwingt anders, und damit fließt alles leichter – vor allem aber verliert ihr die Angst. Je lichter und freier ihr schwingt, desto deutlicher fühlt ihr euch von der großen kosmischen Ordnung getragen und desto weniger seid ihr von dem System abhängig, in dem ihr lebt. Ihr könnt es weiterhin bedienen, weil ihr darin lebt, aber ihr braucht es nicht mehr, das ist ein immenser Unterschied. Ihr habt eine Wahl. Ihr entscheidet euch, ihr handelt nicht mehr aus Angst, sondern aus eurem freien Willen heraus. Ihr seid ihr selbst, und euer äußeres Leben entspricht eurem Inneren. Ihr zahlt eure Steuern, weil ihr in diesem System leben wollt und es deshalb für richtig haltet, den Gesetzen des Systems zu gehorchen – aber ihr müsst nicht mehr in diesem System leben, ihr könnt euch auch anders entscheiden und seid bereit, die Konsequenzen dann nicht nur zu tragen, sondern ihr wisst auch, dass ihr immer wieder einen Weg findet. Ihr vertraut nicht mehr der Rentenanstalt, sondern der kosmischen Ordnung. Ihr vertraut eurem eigenen Bewusstsein, denn ihr wisst, ihr könnt euch selbst all das manifestieren, was ihr braucht, weil ihr euer Bewusstsein auf die entsprechende Frequenz anheben könnt. Ihr findet (oder öffnet euch für) Lösungen, auf die ihr in einem anderen Raum gar nicht gekommen wärt.

Das, was euch wirklich trägt, ist die sich immer wieder selbst neu organisierende Ordnung des kosmischen Bewusstseins. Je vertrauensvoller ihr euch in diese Ordnung hineinfallen lasst, je bereitwilliger ihr ihr folgt, desto rascher kann sich euer Leben in einen Zustand höherer Ordnung bewegen. Das Schlüsselwort ist wie immer »Loslassen« – nämlich die Kontrolle, die Vermeidungsstrategien. Der Zutrittscode ist »Mut zum Leben«, denn ihr seid verantwortlich dafür, dass ihr euer Leben der kosmischen Ordnung anvertraut. Das tut ihr sowieso, aber je höher euer Bewusstsein schwingt, je mehr ihr also die Zusammenhänge versteht, desto weniger könnt ihr euch auf spiritueller Unwissenheit ausruhen und desto rascher kommt die Veränderung. Wenn ihr es »eigentlich« besser wisst, aber nicht nach bestem Wissen und Gewissen handelt, dann sind die Folgen deutlicher und drastischer, je höher ihr schwingt. Ihr steht womöglich mit einem Bein in der neuen Dimension der Freiheit und hängt mit dem anderen noch in der strafenden und zu engen Dimension der Angst fest – es zerreißt euch förmlich.

Ihr seid immer mehr in der Pflicht der Selbstverantwortung, das meint, dass die Schleier der Unwissenheit, die euch womöglich

lange Zeit geschützt haben, wegfallen und ihr zum Handeln aufgerufen seid.
Der Preis für echte Freiheit und echte Sicherheit ist das Loslassen vermeintlicher Sicherheiten. Dazu gehört alles, was ihr tut, um eure Angst nicht zu fühlen, außen und innen. Ihr seht also, dass dieser Weg hundertprozentige Achtsamkeit und Wahrhaftigkeit euch selbst gegenüber erfordert. Aber das gehört dazu, wenn man jemanden liebt.

Dieser Weg scheint sehr schwierig zu sein, weil ihr für eine kleine Weile wirklich nicht wisst, was euch trägt. Dieser Gang durch die Dunkelheit gehört zu den Einweihungsriten. Das ist euer persönlicher Quantensprung, und ihr kommt nicht daran vorbei, denn er gehört zum Weg. Ihr werdet in der neuen Dimension wiedergeboren, müsst wieder den Weg durch den Geburtskanal beschreiten. Der Mut, sich in das kosmische Netz hineinfallen zu lassen, bei vollem Bewusstsein, voller Achtsamkeit und voller Wachheit, bildet den Übergangsritus zwischen der dritten und der fünften Dimension.

Könnt ihr in der fünften Dimension besser spüren und sagen, was ihr wollt? Wir werden sehen. Zumindest habt ihr endlich die Freiheit, das zu tun.

(Bitte nimm diese Dimensionen nicht wörtlich. Ich weiß nicht, was die dritte, vierte und fünfte Dimension ist, wir, die Menschen, die darüber reden, haben das festgelegt, es sind willkürliche Definitionen. Hier meint die sogenannte dritte Dimension das bisherige Leben auf der Erde in der gefühlten und verwirklichten Dualität [also »entweder … oder«], die fünfte Dimension ist die Dimension der verwirklichten Liebe, in der »sowohl … als auch« gilt. Die vierte Dimension ist der Übergang, der Raum dazwischen, die Unsicherheit und die innere Orientierungslosigkeit – der Quantensprung.)

Meditation

Wechsle die Dimension

Komme zur Ruhe, entspanne dich, lass los, was dich belastet – hier geht es ganz und gar um dich. Es gibt nichts mehr zu tun, als den Energien Raum zu geben, als sie wirksam werden zu lassen. Die Energien sind da, du brauchst ihnen nur zu erlauben, dich zu berühren.

So stelle dir bitte eine Lichtsäule vor, eine Lichtsäule, die dich mit dem höchsten Gottesbewusstsein verbindet und dich gleichzeitig gut stabilisiert und auf der Erde stehen lässt. Du trittst ein in diese Lichtsäule – und augenblicklich durchflutet dich das Licht, reinigt dich, befreit dich von allem, was nicht zu dir gehört, was schwer ist und endlich gehen darf.

Genieße diesen Zustand und gib ihm ein wenig Raum – und nun öffnet sich die Lichtsäule, gibt den Blick frei in das Universum. Es mag sich ein wenig beängstigend anfühlen, so groß ist es, so weit, so frei, doch du spürst das Licht und fühlst dich sicher und geborgen. Nun rufe deine Schutzengel und ganz besonders die Hüter deines Aufstiegsprozesses, die Hüter deiner eigenen Erlösung und der Erleuchtung deines Bewusstseins. Du spürst ihre klare, Halt gebende und liebende Präsenz – vor deinem inneren Auge entsteht nun eine Plattform. Sie ragt weit hinein in das Universum, und du erlaubst dir, sie zu betreten. Du stehst nun fest und sicher im Universum.

Wenn es dir vertrauter erscheint und du deine körperliche Präsenz nicht unbedingt brauchst, dann schwebst du vielleicht lieber oder bist wie eine Energiewolke, wie ein Licht. Möglicherweise aber fühlt es sich auch sehr gut an, den Körper auf diese Reise einzuladen.

Du stehst also auf der Plattform, und auf einmal eröffnet sich dir ein grandioses Schauspiel: Die Planeten, Sonnensysteme und Sterne, die vor dir sind, schieben sich zur Seite – der Blick mitten hinein in das Herz des Universums wird frei. Du stehst vor der riesigen Zentralsonne, die sich im Inneren des Universums befindet. Du spürst ihre gigantische Kraft, die Wellen reinster Liebe und reinster Bewusstheit. Vielleicht erscheint dir diese Sonne eher wie ein schwarzes Loch, denn das ist sie in Wahrheit – wie immer du es wahrnimmst, spüre die Wellen des reinen, freien Bewusstseins und lass dich und deinen Körper vollkommen davon erfassen. Nun beginnt diese riesiges Sonne oder das schwarze Loch, dich anzuziehen. Du lässt allen Widerstand los und lässt dich mitten hineinziehen in diese Sonne oder mitten durch das schwarze Loch hindurch – es ist aufregend, aber auch sehr vertraut, und du spürst, dass du tatsächlich die Frequenz wechselst, in eine andere Dimension kommst – du kommst nach Hause. Lass los, lass dich ziehen, alles, was nicht mehr zu dir gehört, wird auf dem Weg durch das schwarze Loch hindurch verbrannt oder einfach von dir genommen, das Licht der Zentralsonne oder die Energie des schwarzen Loches befreit dich mit nie gekannter Macht und Kraft ein für alle Mal von allem, was nicht ganz und gar dir selbst entspricht.

Erlaube dir, diesen Prozess zu fühlen. Vielleicht nimmst du auch gar nichts wahr, manchmal ist es besser, Prozesse nicht zu beobachten, sondern sie einfach geschehen zu lassen. Lass dir Raum und Zeit, während du die Frequenz wechselst. Vielleicht wird dir bewusst, was noch von dir genommen werden kann und darf, vielleicht auch nicht. Was zu dir

gehört, wird dir in der nächsten Dimension in geläuteter Form wieder begegnen – liebevoller und lichter.
Irgendwann kommst du an – auch wenn du nicht weißt, wo. Du spürst, dass du dich in einem anderen Energiefeld befindest, hier ist es freier, liebevoller, lichter und weiter. Hier darfst du sein, was du bist, und hier gelten die Gesetze der Liebe und der Klarheit – und nur diese Gesetze. Komme an, lass dich atmen, bitte deinen Verstand, dir Raum zu geben, lass dich erst einmal fühlen und erleben, bevor du verstehst.

Gib dir Zeit, bleibe in dieser neuen Dimension und schaue von hier aus auf dein Leben – was ist anders, wie nimmst du es nun wahr?

Hier gelten die Gesetze von Sowohl-als-auch, die innere Trennung verschwindet, du bist ganz und gar vollständig. Das Entweder-oder der alten Welt hat hier keine Macht mehr, in der neuen Dimension bist du vollständig und alles, was zu dir gehört, bekommt Raum.

Ruhe dich aus und dann komme in deiner Zeit zurück in die Welt der Formen. Du hast deine bewusste Erlebniswelt gewechselt, bist nun in einer anderen Dimension. Die Dinge mögen noch genauso aussehen, aber du hast die Frequenz, in der du lebst, geändert, lebst nun ein anderes Leben, agierst aus einem anderen Bewusstsein heraus.

Wann immer du das Gefühl hast, in alte Gefühle und Verhaltensweisen zu fallen, lass dich mit diesem Aspekt durch das schwarze Loch oder in die Zentralsonne ziehen – der Dimensionswechsel erfolgt Schicht für Schicht.

Bitte betrachte diese Meditation und die Erklärungen nicht vom physikalischen Blickwinkel aus. Ich bin sicher, es gibt schlüssige Übereinstimmungen mit der Quantenphysik, anders geht es ja gar nicht, aber ich verstehe sie nicht gut genug, um sie dir hier zu erläutern. Nimm es bitte als Bild – in dem Bewusstsein, dass es eine physikalische Entsprechung hat, haben muss, wenn es real ist. Es fühlt sich real an, mehr habe ich im Moment nicht, aber das genügt vielleicht auch.

Schutz

Kannst du dich gut abgrenzen? Natürlich nicht. Du bist ein spirituelles Wesen, warum solltest du das können? Abgrenzen müssen wir uns nur hier, auf der Erde, und auch hier nur deshalb, weil jeder Mensch eine andere Energie verwirklicht und wir uns gegenseitig stören. Wenn du dich abgrenzt, sorgst du dafür, dass du deine eigene Stimme besser hörst.

Es ist, als spieltest du ein ziemlich schwieriges Theaterstück – »Die Verwirklichung meiner Seele auf der Erde« heißt es. Du hast keinen Text, sondern musst improvisieren, und zudem die ganze Zeit nach dem Regisseur, deiner inneren Führung, schauen. Die Requisiten sind äußerst schwierig zu handhaben. Es gibt weder Licht noch Energie, sondern GEGENSTÄNDE, die auch noch eine Art Eigenleben zu führen scheinen, merkwürdigen Gesetzen wie der Schwerkraft unterliegen und auf deine Absichten reagieren, sogar (gerade!) wenn dir selbst diese nicht bewusst sind. Dein eigenes Kostüm ist eine Zumutung, es zwickt überall, und die Mitspieler auf deiner Bühne halten sich nicht an die Texte, sondern machen gerade, was sie wollen – puh. Und das ist noch nicht alles. Im selben Theater laufen zeitgleich Millionen anderer Vorstellungen. Wenn du dich nicht schützt und abgrenzt, dann vergisst du, was du sagen wolltest, weil dich die Stücke der anderen womöglich zu sehr in den Bann ziehen. Das darf ja auch so sein – wenn du es so willst. Wenn dein Stück aber eigene, wichtige Passagen beinhaltet, dann können die anderen sehr störend sein. Sich abzugrenzen bedeutet nichts anderes, als zu wählen, welche Energie du spüren willst und welche nicht. Alles darf sein, wie es ist. Aber wir müssen und können nicht alles wahrnehmen, sonst vergessen wir unsere eigene Melodie, und die ist oft gerade schwierig genug zu hören und zu spielen. Wenn wir Abgrenzung nicht als »Abschottung« betrachten, sondern als Werkzeug, um uns selbst besser zu spüren, einfach in unserer eigenen Energie zu bleiben, dann verliert es den bitteren Beigeschmack.

Wir wollen uns nicht abgrenzen. Alles ist eins, und wir wollen doch viel lieber die Liebe und die Einheit mit allem, was ist, erleben und verwirklichen – dazu sind wir ja hier. Aber wir teilen uns diesen Planeten mit sehr vielen Wesenheiten, die alle auf die gleiche Weise – nämlich in der Materie – auf der Suche und auf dem Weg sind. Wir teilen den gleichen energetischen Raum, und deshalb wechselwirken wir so stark miteinander, auch dann, wenn wir es gar nicht wollen und es uns (und dem anderen!) nicht dienlich ist. Wir brauchen Schutz, damit diese Wechselwirkung gemildert wird, sonst verlieren wir uns in der Schöpfung der anderen. Du spürst, da steckt keine Wertung drin, das steht uns auch nicht zu. Wir dürfen aber wählen, das ist unsere Aufgabe, denn wir sind ja hier, um bestimmte Energien in der Materie, in der Dimension der Formen, zu erforschen. Wenn du dir vorstellst, dein eigenes Leben wäre ein Forschungslabor (und das trifft durchaus zu, du bist ein kosmischer Bewusstseinsforscher), dann kannst du nicht erlauben, dass ständig die Tür auf- und zugeht, denn dann werden deine Proben verunreinigt, und der dauernde Luftzug ist auch nicht gerade hilfreich. Wenn du selbst durch das Labor eines anderen gehst, ziehe bitte Schutzkleidung an, denn du weißt nicht, was er erforscht und ob sich eventuell toxische Stoffe in der Luft befinden.

Sich zu schützen bedeutet, sich vor der Wahl und der Schöpfung des anderen zu verneigen, sie zu respektieren und sie sein zu lassen, wie sie sind. Und es bedeutet, sich vor der eigenen Schöpfung zu verneigen und ihr Raum zu geben.

Wenn du dich nicht schützt, dann haderst du dauernd mit den Energien der anderen, verbiegst dich, spürst dich selbst nicht mehr, kontrollierst dich und andere, um all die Energien nicht zu fühlen. Das ist weder dir selbst noch dem anderen gegenüber sehr respektvoll.

Mehr ist es nicht, aber gerade deshalb ist es so wichtig! Warum vergessen so viele Menschen, sich abzugrenzen, das heißt, gut für sich selbst zu sorgen? Wir sind es nicht gewohnt, auf keiner Ebene. Warum segnen wir unsere Kinder nicht, während wir ihnen die Butterbrotdose in die Schultasche stecken? Tue das. Dann gewöhnen sie sich daran und können es weitergeben.

Ganz am Ende – Erste Hilfe

Bist du eigentlich sicher, dass du dich nicht liebst? Kommt dieser tiefe Schmerz in deinem Inneren nicht vielleicht eher daher, dass du dich fragst, was du überhaupt in dieser dichten, für die feinstofflichen Sinne fast nicht wahrnehmbaren Welt, die die Erde zu sein scheint, machst? Projizierst du nicht vielleicht deinen Inkarnationsschmerz auf dich, glaubst, wenn du dich selbst genug lieben würdest, wäre alles gut? Wie wäre es damit: »Wenn ich meine spirituelle Heimat, das, was ich in der Seele BIN, deutlich spüren könnte, wenn ich mich nicht so abgeschnitten und allein fühlen würde, DANN wäre alles gut.«

Wir glauben, wir lieben uns nicht, weil wir uns einsam fühlen. Aber vielleicht sind wir einsam, weil wir unsere spirituelle Heimat nicht fühlen.

Damit meine ich nicht nur die allerhöchsten Bewusstseinsschwingungen. Ein Film wie »Avatar« berührt so viele Menschen, weil wir im Kern Liebe und Verbindung sind, weil das, was wir hier veranstalten, für unseren spirituellen Kern völlig absurd ist. Wir sind nicht ein kleiner Funke Gottes mit sehr viel Mensch drum herum, der sich mühsam an sein spirituelles Licht erinnert, um sich ab und zu daran zu wärmen. Wir sind ein strahlendes Lichtwesen mit einer dünnen Schicht Dichte, damit wir in dieser Dimension agieren und wechselwirken können, damit wir all das, was wir wissen und SIND, in der Materie zur Anwendung kommen lassen. Wir wechselwirken mit der Materie über die Tat, aber auch in großem Maße über unsere Gedanken, Gefühle und unsere Absicht. Was ist nur aus uns und unserem tiefsten Wunsch geworden? Kann man sich noch weiter von der Liebe entfernen, als wir es getan haben?

Wir ertragen uns gegenseitig nicht, wir halten unsere Schöpfungen nicht aus, ertragen nicht, was andere Mitschöpfer auf diesem Planeten zu verwirklichen entscheiden. Wir erdulden unsere eigenen Schöpfungen gerade so, aber anstatt das zu verstehen und etwas anderes zu erschaffen, fühlen wir uns als Opfer und suchen uns eine Nische. Wir ziehen uns zurück, anstatt unsere Schöpferkraft anzuwenden.

Neulich war ich in einem großen Möbelhaus. Es gibt dort tolle Sachen, aber die Energie ist äußerst anstrengend. Die Menschen schauen sich gegenseitig nicht an, lächeln nicht (ich auch nicht). Ich hörte ein Gespräch darüber, dass man die ohnehin günstigen Preise doch noch weiter drücken könne, wenn man nur hartnäckig bliebe. Auf einmal war ich wirklich traurig und dachte: Wir sind alle Engel oder geistige Wesen, wir sind alle Bewusstsein, wir alle SIND das schöpferische Bewusstsein dieses Planeten, warum schmerzen mich meine eigenen Einzelaspekte so sehr? Warum halten wir die Bewusstseinsaspekte, die durch andere Wesen verkörpert werden, so wenig aus? Ich erkannte wieder einmal, dass wir so unterschiedliche Melodien spielen, dass wir uns stören. Aber warum fühlt sich das noch nervig an?

Du kennst diesen Schmerz. Wir sind alle eins, wir sind zusammen ein großes Bewusstsein. Wir wissen (die Wissenschaft hat es bewiesen), dass die Gedankenkraft auf die Materie einwirkt, das ist kein frommer Wunsch, das ist so. Würden wir unsere Gedankenkräfte vernünftig bündeln, könnten wir unermesslich Großes bewegen. Im Negativen kennen wir das zu gut. Warum wenden wir diese Kraft nicht an, warum verschwenden wir unser Schöpferpotenzial damit, uns zu sorgen und zu grämen? Ich weiß es nicht. Aber wir, DU, können auf der Stelle damit aufhören. Mehr können wir nicht tun, aber mehr brauchen wir auch nicht zu tun.

Als Wesen, das sich selbst liebt, sorgst du dafür, dass sich dein höchstes Potenzial verwirklicht, denn du willst dich ja selbst glücklich sehen.

Wundert es dich, dass du dich wütend, traurig, enttäuscht und manchmal sehr leer fühlst, wenn du siehst, wie wir oft mit uns selbst und anderen umgehen? Wie wäre es, wenn dir nicht deine Selbstliebe fehlt, sondern wenn du einfach vollkommen angemessenes Heimweh hast? Kann es nicht sein, dass dir nicht die Liebe zu dir selbst fehlt, sondern dass deine Liebe zu dieser Dimension, zu dem gemeinsamen Projekt (nämlich die Antwort auf die Frage, wie Liebe in ihrer materiellen Form aussieht) einfach so bitter enttäuscht worden ist, dass du nur noch deinen Schmerz und deine Hoffnungslosigkeit spürst? Kann es nicht sein, dass du die Enttäuschung über das, was die Menschheit offensichtlich für wichtig hält und was dich selbst dazu zwingt, irgendwie mitzumachen, mit zu wenig Selbstliebe verwechselst?

Natürlich liebst du dich. Du bist Liebe, du kannst gar nicht anders, als zu lieben, etwas anderes ist nicht vorgesehen. Sich selbst, das Leben, die Erde, die Natur, die Tiere, die Menschen, alles. Aber die Schwingungen, die hier verwirklicht werden, sind so absurd und dicht, so selbstbezogen und weit weg von gefühlter Liebe, dass sie wie eine ansteckende Krankheit wirken.

Ja, das haben wir entschieden, und ja, es ist ein Akt größter Hingabe an die Schöpfung, all diese Energien zu verwirklichen. Aber es scheint, als machte es einigen Wesen hier auf der Erde ein bisschen zu viel Spaß, mit Angst, Machtgehabe und Großartigkeit um sich zu werfen. Es ist, als wollten wir die Wechselwirkungen der verschiedenen Energien am eigenen Leib spüren, um zu erforschen, wie sich Liebe und das höchste Bewusstsein, die höchste Ordnung, in der Materie auswirken.

Stelle dir vor, vor uns läge ein großer Stapel Bauklötze, und unsere Aufgabe wäre es, sie in allerhöchste Ordnung zu bringen, so schön, stabil und strukturiert aufzubauen, wie das nur möglich ist, weil wir uns von unserer eigenen inneren höchsten Ordnung führen lassen. Und es ist, als hätten einige Wesen ein bisschen zu viel Spaß daran gefunden, sich die schönsten Bauklötze zur Seite zu nehmen und etwas Eigenes zu bauen. Das funktioniert nicht, weil genau diese Bausteine dann im Gesamtkunstwerk fehlen. Wie wäre es, wenn du nicht voller Selbsthass, sondern voller Schmerz, Wut und Trauer über das wärst, was hier auf Erden geschieht? Hat es auch nur ansatzweise etwas mit unserem göttlichen Funken zu tun, wenn wir uns anschauen, wie wir zum Beispiel mit unseren liebevollsten Mitbewohnern, den Tieren, umgehen? Ist das auszuhalten?

Kannst du voller Liebe auf der Erde sein, wenn du dir anschaust, was andere Wesenheiten, Menschen wie wir, die das gleiche Licht in sich tragen, verwirklichen? Was wir selbst über viele Inkarnationen hinweg verwirklicht haben? Ist es ein Wunder, dass wir uns entsetzt von uns selbst abwenden und nichts mehr mit uns zu tun haben wollen, wenn wir uns anschauen, wozu wir fähig sind? Wir haben weitaus mehr Leid und Schmerz verursacht und erlebt, als wir uns vorgestellt haben, und es ist weitaus schwieriger und weniger freudvoll, diesen Turm zu bauen, den wir hier errichten wollten, um die Schöpfung und unsere Liebe zu ihr auszudrücken und zu feiern, als wir erwarteten. Was wäre, wenn diese ganze Suche nach Selbstliebe in die Irre führte, wenn du etwas ganz anderes brauchtest?

Ich weiß nicht, ob es im Universum genügend Mitgefühl gibt, um diese Wunden zu heilen. Wir haben uns in ein Energiefeld hineingewagt, in dem ein so unermesslich großes Potenzial an Leid, Schmerz und Egoismus möglich ist, dass wir mit unserem Licht scheinbar nichts dagegen ausrichten können – und vielleicht auch nicht mehr ausrichten wollen.

Was uns hier hält, ist die Liebe zur Schöpfung.

Unser Herz sagt: »Weil es eine Schöpferenergie gibt, werde ich alles tun, was in meiner Macht steht, um diese Schöpfung zu unterstützen und zu ihrer höchsten Ordnung und Entfaltung zu bringen. Weil es die Erde (damit meine ich die Dimension der Materie, die Erde selbst ist ein spirituelles Wesen wie wir) gibt, weil sie erschaffen wurde, weil sich diese Form des Lebens manifestiert hat, setze ich all meine Energie ein, um sie zu vollendeter, höchster Ordnung zu bringen.« Deshalb sind wir hier, und das hält uns auf der Erde. Es ist unsere Liebe, was denn sonst? Welche Kraft wäre sonst stark genug, uns dazu zu bewegen, weiterzumachen? Was sonst als Liebe hätte dich überhaupt auf die Erde kommen lassen? Wie kannst du nicht lieben, wo du doch hier bist? Mehr Liebe kann man gar nicht verwirklichen und ausdrücken, als sich in die Materie zu begeben, um der Schöpfung seinen Dienst zu erweisen.

Du BIST Liebe. Du bist nur ein bisschen zu sehr erschöpft. Dieser Selbsthass oder die mangelnde Selbstliebe ist vielleicht ein spiritueller Burn-out.

Bei aller Selbstliebe gibt es Tage, an denen all die großartigen Übungen und all dein Wissen nichts nutzen. Es gibt Tage, da kann man nur eines tun: weitermachen.

Wenn du dich leer fühlst, irgendwie lustlos, antriebslos, mutlos und wenn du, auch wenn dein Leben doch gar nicht so schlecht läuft, heute nicht weißt, wozu du auf der Erde bist und worum sich diese ganze Aufregung überhaupt dreht, wenn dein Mentalkörper wie von Spinnweben von negativen Gedanken durchzogen ist, obwohl du meditierst und alles tust, um auf der gesunden, sich selbst liebenden Sonnenseite des Lebens zu tanzen – dann mache einfach weiter. Du spürst nichts, alles hat irgendwie keinen Sinn – sieh diese Tage als die Pflicht, die wir einfach abzuleisten haben. Jeder Sportler kennt diese Tage, an denen das Training keinen Spaß macht und auch kein Ergebnis bringt. Trainiere dennoch. Backe ein Brot. Räume einen Schrank auf, bringe dein Altglas weg. Tue etwas Vernünftiges, Bodenständiges, tue so, als wäre morgen ein guter Tag, und bereite dich darauf vor. Lass dich von negativem Denken und Fühlen nicht zu destruktiven Handlungen verleiten, die du morgen bereust und die dir die Zukunft – und seien es auch nur die nächsten Stunden – erst recht verderben. Niemand ist immer glücklich, immer gut drauf und fühlt sich immer von Engeln spirituell geführt. Wir alle haben Hänger, Tage, an denen nichts zu geschehen scheint, an denen die Welt irgendwie sinnlos wirkt. Mache weiter.

Gleich gebe ich dir eine Durchsage aus der Geistigen Welt an die Hand, die dir vielleicht helfen kann. Lies sie an schlechten Tagen, gehe dann aber bitte duschen, mache einen Spaziergang, koche dir etwas einigermaßen Vernünftiges. Segne dich selbst und bitte um Segen für dich. Gehe früh ins Bett (manchmal hilft es, die Zeit einfach an sich vorbeiziehen zu lassen) und gib die Idee auf, wärest du nur »gut genug« oder »spirituell genug«, dann würde das nicht vorkommen. Doch, natürlich kommt das vor. Du kannst nichts dafür.

Wenn du dich selbst wirklich lieben willst, dann gib an diesen Tagen nicht auf, verlasse dich nicht, sondern setze dich bildlich gesprochen zu dir selbst und schweige mit dir. Versuche nicht, dich zu ändern, nimm dich selbst hin, wie du gerade bist, auch wenn du dir selbst keine gute Gesellschaft bist. Bleibe bei dir, und mache weiter.

Akzeptiere, dass du dich selbst nicht fühlst, dass alles irgendwie langweilig und sinnlos ist, irgendwie grau und schwer. Ja, manchmal ist es so, oder zumindest scheint es so zu sein. Lass es sein, wie es ist, auch das gehört zum Leben – sonst wäre es nicht so. Auch das ist Leben, sonst würde es nicht passieren.

Legst du Wert auf Treue, wenn du eine Beziehung eingehst? Dann bleibe dir treu. Verleugne dich nicht, halte deine eigene Hand und beschütze dein inneres Kind. Gerade heute bleibe bitte bei dir, als wärst du deine eigene beste Freundin oder dein eigener bester Freund. Mehr gibt es nicht zu tun, begleite dich selbst durch den Tag. Ja, er fühlt sich schrecklich an. Bleibe bei dir.

Du hast nichts falsch gemacht. Vielleicht braucht dein mentales und emotionales System einfach eine Auszeit, vielleicht wirbeln »da draußen« gerade so viele Energien, dass du energetisch heruntergefahren worden bist, um all das nicht fühlen zu müssen. Vielleicht ist es ein Geschenk der Geistigen Welt, vielleicht wärst du sonst zu sehr in Resonanz mit dem, was gerade geschieht. Mache weiter und halte das Licht, selbst wenn du es nicht spürst. Zünde eine Kerze an, als Symbol für das, was du heute zwar nicht spürst, von dem du aber weißt, dass es da ist. Zeige dein Licht, stelle eine Kerze ins Fenster, gerade WEIL du das Licht heute nicht spürst. Erinnere dich selbst daran und lass die Idee los, du müsstest immer alles fühlen. Du WEISST, und das ist wesentlich.

Unterschätze bitte das Spazierengehen nicht, egal wie grau es draußen auch sein mag, wir brauchen das Tageslicht. Manchmal hilft es bereits, ein paar Minuten in der Natur oder unter freiem Himmel zu sein.

Hier nun die Botschaft:

Ihr liebsten Menschen,

in der Geistigen Welt gibt es diese Tage nicht, denn wir sind immer im Licht und nehmen den Fluss des Lebens auch dann wahr, wenn er sich im Verborgenen zeigt. Das Leben geht immer weiter, strömt immer durch euch hindurch. An den Tagen, an denen ihr es nicht spürt, braucht euer System eine Auszeit, eine Pause von all dem Fühlen. Manche von euch sind beinah ein bisschen süchtig nach Gefühlen geworden, ihr seid manchmal ein bisschen zu abhängig davon, dass ihr fühlt, was passiert. Manchmal fühlt ihr es nicht, denn auch das Fühlen ist nur ein Werkzeug und ab und zu schaltet es sich eben ab, damit ihr zur Ruhe kommt – und damit ihr euch nicht zu sehr daran gewöhnt. Es gibt etwas Besseres als das Fühlen – das innere Wissen. Euer Bewusstsein weiß, ihr seid getragen und das Leben fließt, auch wenn ihr es gerade nicht fühlt. Euer Bewusstsein ist euer innerer Kompass, nicht das Gefühl. Wenn ihr etwas fühlt, dann hört bitte darauf. Aber eure Wahrnehmung ist nicht davon abhängig. Es gibt Tage, da sind viele verschiedene Energien im Äther, und ihr verliert euch im Negativen, spürt euch selbst nicht oder quält euch mit euren Gefühlen und Gedanken. Wir sind immer bei euch, auch wenn ihr uns nicht spürt, bitte seid euch dessen bewusst, und erinnert euch daran! Es ist sehr schwierig, so, als würdet ihr im Nebel umhertappen, und ihr scheint eure Richtung verloren zu haben. Ihr habt genug Erfahrung, um weiterzumachen, und ihr wisst, was euch guttut. Tut an diesen Tagen, was zu tun ist, macht weiter, haltet eure Welt und eure Angelegenheiten am Laufen. Ihr braucht uns nicht zu spüren, um zu wissen, dass wir da sind, das Fühlen hilft, aber ihr dürft euch darauf verlassen, auch wenn ihr es nicht wahrnehmt.

Wenn ihr euch selbst nicht spürt, wenn euch alles sinnlos erscheint, wenn euch nichts aufheitern kann und euch sogar das, was ihr liebt, nervt, dann nehmt es, wie es ist, und tut, was zu tun ist.

Es gibt Tage, da zeigt ihr euch eure Liebe, indem ihr nicht aufgebt, egal wie ihr euch fühlt, und das sind die Tage, an denen ihr Durchhaltevermögen lernt und beweist.

Es ist leicht, sich gut um sich selbst zu kümmern, wenn man sowieso glücklich ist, womöglich gar verliebt, sei es in einen Menschen, in ein Tier oder in eine Aufgabe. Aber wenn ihr durchhängt und dennoch weitermacht, dann fügt ihr dem Leben eine entscheidende Kraft hinzu, dann gebt ihr uns allen, der geistigen Welt und dem Kosmos, eine äußerst wichtige Information: Ihr gebt nicht auf. Ihr bleibt da, ihr macht weiter, ihr lasst das Leben nicht im Stich, selbst wenn es euch im Stich zu lassen scheint. Ihr bleibt offen für das Leben, auch wenn ihr euch vielleicht nicht besonders offen fühlt. Eure Bereitschaft weiterzumachen, selbst wenn ihr den Tag im Bett verbringt, eure Bereitschaft, euer Energiefeld zu halten und auf der Erde zu bleiben, verstärkt und stabilisiert die Lichtbahnen, die wir gemeinsam mit euch auf der Erde verankern. Gerade wenn ihr weitermacht, obwohl ihr euch nicht voller Licht erlebt, gebt ihr den Lichtkanälen eine entscheidende Frequenz: Standfestigkeit.

Als ihr die Energien auf die Erde gerufen habt, wart ihr voller Hoffnung, und ihr habt die höchsten euch zur Verfügung stehenden Liebes- und Lichtfrequenzen auf die Erde geholt – aber sie waren nicht stabil, konnten genauso leicht wieder verschwinden. Das war die Blaupause, der Bauplan, das, was der Architekt dem Bauherrn gibt. Heute baut ihr die Lichtkanäle aus stabilen Kräften, aus Stein und Eisen, so, wie es auf der Erde erforderlich ist. Aus Durchhaltevermögen.

Die Natur ist echt, sie hat keine anstrengenden mentalen Konzepte, und sie manipuliert nicht, deshalb tut es gerade an solchen Tagen so gut, in dieser Einfachheit zu sein. Das Leben ist einfach. Einfach im Sinne von »nicht kompliziert«. Komplex ist es dagegen schon! Es ist in seiner Komplexität deshalb einfach, weil es sich selbst organisiert – so wie ihr. Ihr organisiert euch immer wieder selbst, eure Selbstheilungskräfte, die noch immer völlig unterschätzt werden, greifen perfekt ineinander – geht euch nur selbst aus dem Weg. Hört auf, euch selbst zu kontrollieren, lasst die Disziplin los, mit der ihr euch manipuliert, und ersetzt sie durch etwas viel Besseres – Konzentration. Konzentriert euch auf das, was zu tun ist, und auf das, was ihr wollt, und dann lasst die Kontrolle los. Konzentration ist nicht Kontrolle, sondern Fokussierung. Natürlich kontrolliert ihr euch damit auch auf eine Weise, aber ihr kontrolliert nicht eure Gefühle und Gedanken, sondern eure innere Ausrichtung. Ihr könnt fühlen und denken, was ihr wollt, es ist eure Absicht und eure nach außen gerichtete Handlung, die wesentlich ist. Das widerspricht einigen Lehren, aber es geht nicht so sehr um die Gedanken als um eure innere Haltung, um euer Herz, um euer Bewusstsein. Eure Gedanken spiegeln all eure Ängste, eure Verletzungen und eure Erfahrungen. Euer Herz aber und euer Bewusstsein spiegeln das Leben, wie es tatsächlich ist, und so konzentriert euch auf euer Bewusstsein. Egal was ihr denkt und fühlt, konzentriert euch auf das, was ihr wisst. Auf das, was ihr wirklich wisst, nicht auf euren Verstand, sondern auf euer Bewusstsein.

Das kann ein echter Kraftakt sein, denn die Gedanken und Gefühle sind stark. Aber letztlich ist das, was ihr tief in euch wisst, das, was wirklich ist, WIRKLICH im Sinne von wirksam. Ihr seid

Teile der kosmischen Ordnung und als solche seid ihr ganz natürlich, selbstverständlich und einfach mit den kosmischen Gesetzen in Kontakt, ihr seid ein Ausdruck davon. Es ist euer natürlicher Zustand, deshalb wisst ihr natürlich tief in euch, welche Energien wirken. Natürlich wisst ihr es, ihr seid ja ein Teil davon. DAS ist die wahre Aufgabe:

Konzentriert euch auf das, was ihr tief in euch wisst, und handelt nach diesem Wissen, egal was euch eure Gedanken und auch eure Gefühle mitteilen wollen.

Ihr WISST, und deshalb seid ihr verantwortlich, ihr seid in Kontakt mit eurem Bewusstsein und habt die heilige Aufgabe, euch auf eine Weise zu verhalten, die diesem Wissen Ausdruck verleiht. Tut so, als würde morgen alles gut werden. Geht weiter. Wir sind bei euch, wir können gar nicht anders. So dienen die Tage, an denen ihr nichts spürt und dennoch weitermacht, besonders intensiv der Verankerung der Lichtkanäle auf der Erde.

Durchhaltevermögen ist eine äußerst wichtige Kraft auf der Erde. Sie bildet die Stahlträger der Lichtsäulen, die ihr errichtet.

Ihr braucht eure Willenskraft und eure Entschiedenheit nicht anzuwenden, wenn ihr euch sowieso getragen und voller Licht und Glück fühlt. Aber heute, gerade weil ihr am liebsten alles hinter euch lassen würdet, euch aber dennoch aufrafft, dieses Buch zu lesen oder etwas anderes zu tun, was euch im Leben hält, gerade heute verankert ihr das Licht besonders intensiv in der Erde. Weil ihr dableibt und durchhaltet, weil ihr euch entscheidet und euren Willen nutzt, um das Licht auf der Erde zu halten, stabilisiert ihr das Bewusstsein, die Liebe und all die Energien, die durch euch zur Erde kommen wollen. Gerade deshalb.

Wir danken euch von Herzen, dass ihr all das auf euch nehmt und dableibt, dass ihr durchhaltet, dass ihr die Frequenz hinzufügt, die nur auf der Erde entstehen kann: das bewusste Weitermachen. Gerade weil ihr einen freien Willen habt, weil ihr eure Energie genauso gut aufputschen könntet, gerade weil ihr jetzt in dieser Sekunde die Wahl habt, euch innerlich zu verabschieden und dennoch wach und präsent bleibt mit all dem Schmerz, all der Leere, der Trauer oder was auch immer ihr gerade fühlt, gerade deshalb verankert ihr das Licht unwiderruflich fest und stabil in der Erde. Weil ihr einen freien Willen habt, weil ihr euch jetzt, in diesem Moment, für das Leben entscheidet, verankert ihr das Licht auf der Erde.

Eure Absicht ist die Basis, aber die Intensität, mit der ihr darauf besteht, dass sich das Licht verankert, ist der Schlüssel. Heute nutzt ihr ihn, denn ihr gebt nicht auf. Ihr würdet gerne aufgeben, und sicher gibt es Tendenzen in euch, alles hinzuwerfen. Aber ihr tut es nicht, sonst hättet ihr nicht dieses Buch in der Hand. Ihr sucht nach dem Schlüssel: Es ist euer Wille. Euer Wille, weiterzumachen, selbst wenn ihr ihn so wie heute nicht spürt und keine fühlbaren Ergebnisse erkennt.

Eure Seelen halten es für so wichtig, das Licht auf der Erde zu verankern, dass sie euch diese Tage zumuten. Es ist euer Dienst, der Dienst des menschlichen Selbst, denn nur das menschliche

Selbst kann durchhalten. Für eure geistigen Aspekte gibt es das »Durchhalten« nicht, denn hier fließt das lichtvolle Bewusstsein sowieso. Es ist nur auf der Erde nötig.

Ihr werdet unermesslich geliebt, und wir sind immer bei euch, gerade heute, gerade jetzt, wenn ihr irgendwie leer seid und alles so grau scheint. Bleibt bei uns, bleibt bei euch, und gebt uns nicht auf, gebt den Himmel nicht auf, gebt eure Träume und Hoffnungen nicht auf. Jedes Mal, wenn ihr darauf besteht, dass euch das Leben die schönen Seiten zeigt, jedes Mal, wenn ihr auf einen guten Ausgang beharrt und eure Herzen öffnet, fügt ihr den Lichtbahnen, die Himmel und Erde verbinden, Stabilität und Tatkraft hinzu. Damit bringt ihr im wahrsten Sinne des Wortes den Himmel auf die Erde.

Es gibt einen wunderbaren Spruch: »Am Ende wird alles gut. Und wenn es noch nicht gut ist, dann ist es noch nicht das Ende.«

Weil ihr darauf besteht, weil ihr nicht aufgebt, bis das Licht wirklich auf Erden für alle spürbar und sichtbar scheint, deshalb wird am Ende alles gut. Ohne euch geht es nicht, und ihr wisst nicht, wie dankbar, fasziniert und berührt wir, die Geistige Welt, zur Erde schauen.

Wir danken euch von ganzem Herzen und darüber hinaus. Wir segnen euch und verneigen uns vor eurem Weg.

Nachwort

Ich hoffe sehr, diese Übungen dienen dir, liebe Leserin und lieber Leser. Halte es einfach. Keep it simple, sagen die Angehörigen der sehr erfolgreichen anonymen Suchtgruppen. Am Ende zählt immer die Tat, das, was du aus deinem Herzen heraus für dich und andere tust. Selbstliebe ist der Weg des Herzens. Wie sehr du dich tatsächlich selbst liebst, wirst du am Ende dieses irdischen Weges spüren, wenn du zurückschaust. Es fühlt sich manchmal an wie ein Kampf, das ist einfach so. Nicht die Vermeidung des Kampfes zählt, sondern die Art, wie du damit umgehst und wofür du kämpfst. Folge dem, was dir heilig ist, wofür du brennst, füge das, was du auf diesem Planeten haben willst, hinzu, und gehe weg, wenn die Energien nicht zu dir passen. Es ist so einfach. Wir, die Geistige Welt und ich, Susanne, danken euch, unseren Leserinnen und Lesern, dafür, dass ihr auf der Erde seid und dieses Energiefeld mit all seinen Erfahrungen mit uns teilt.

Seid gesegnet.